北京林业大学经济管理学院

"英才计划"出版工程

编委会主任：陈建成
主编：温亚利　张卫民

北京市林业科技进步贡献率的测算和对策研究

MEASUREMENT OF CONTRIBUTION RATE OF FORESTRY SCIENCE AND TECHNOLOGY PROGRESS IN BEIJING AND THE RELEVANT COUNTERMEASURES

◎ 吴成亮　著

中国林業出版社

图书在版编目（CIP）数据

北京市林业科技进步贡献率的测算和对策研究／吴成亮著．
－北京：中国林业出版社，2011.7
北京林业大学经济管理学院“英才计划”出版工程
ISBN 978-7-5038-5492-7

Ⅰ．①北… Ⅱ．①吴… Ⅲ．①林业－科技发展－研究－北京市
Ⅳ．① F326.271

中国版本图书馆 CIP 数据核字（2011）第 153978 号

出　版　中国林业出版社（100009　北京西城区刘海胡同 7 号）
http://lycb.forestry.gov.cn
E-mail:forestbook@163.com　电话：(010)83222880
发　行　中国林业出版社
印　刷　北京北林印刷厂
版　次　2011 年 7 月第 1 版
印　次　2011 年 7 月第 1 次
开　本　787mm × 960mm　1/16
字　数　138 千字
印　张　9
印　数　1 ～ 1000 册
定　价　40.00 元

北京林业大学经济管理学院
“英才计划”出版工程

■ 编委会

出版说明

Publication Introduction

为加强学院科研团队建设，培养经济管理青年英才，扩大学院学术交流和学术影响，产出高水平标志性成果，促进学院重点学科与基础学科的协调发展，全面提升学院整体学术竞争力和影响力，北京林业大学经济管理学院制定了“英才计划”，该计划由“创新团队工程”、“出版工程”、“奖励工程”和“论坛工程”四个建设项目组成。

“英才计划”出版工程是对学院教师完成的，以农林经济管理学科领域为主、包括学院其他学科领域中的具有重要理论意义或重大应用价值及前景，或具有独到见解或新颖体系，对科学发展有重要作用的专著出版提供资助，目的是鼓励学术创新、传播学术思想、加强学术交流、繁荣学术研究、促进学术研究更好地服务社会。

“英才计划”出版工程得到了北京东方园林股份有限公司副总经理梁明武、湖南省汨罗市长江铜业有限公司董事长余方然以及中国林业出版社的大力支持，特此鸣谢！

School of Economics and Management(SEM) of Beijing Forestry University (BFU) launched Cultivating Talents Programs including Innovation Team Project , Publication Program , Award Program and Forum Project , which aims to enhance the research team of school, to cultivate young faculties in economics and management to output high level benchmark achievement.

Cultivating Talents Program-Publication Program provide support to manuscript with significance or critical application value or prospective, or with original idea or innovative system mainly agro-forestry economics and management field and other fields completed by school faculty members

Publication Program acknowledge the great support of Mr. Liang Mingwu (Vice president of Beijing Oriental Garden Shares Co. Ltd), Mr. Yu Fangran (Chairman of Changjiang Copper Product Co. Ltd in Miluo city) and China Forestry Publishing House.

北京林业大学经济管理学院
“英才计划”出版工程编委会
2011 年 5 月 10 日

序 言

多年来，北京林业大学经济管理学院以建设和培育国家重点学科——林业经济管理学科为目标，抢抓机遇，深化改革，瞄准学科发展前沿，凝聚全院师生智慧，激发一切可利用资源的活力，团结一致，与时俱进，精思厚德，以人为本，科学发展，敢为人先，在教学、科研、人才培养和社会服务诸方面取得了显著进步。仅2010年，学院在高层次科研项目数量、科研经费总量、高质量学术论文数量、学生获奖层次、本科教学质量评价、专业学位建设等6方面实现突破，创学院历史最好成绩。2010年学院获得国家自然基金、国家社科基金和教育部人文社科基金等国家级课题7项；被SCI、EI和ISTP三大检索系统检索的论文共33篇；学院教师获全校理论课教学质量评价第一名；学院学生获“全国先进班集体”称号和58项省级以上学科竞赛奖；学院新增工商管理硕士（MBA）、应用统计硕士、会计硕士、国际商务硕士四个专业硕士学位授权学科点。这些成绩的取得，为学院的改革和发展奠定了良好的基础。

为了进一步推动学院在“十二五”期间快速发展，从2010年起，学院计划用五年时间，在全院推进“英才计划”建设项目。该计划包括“创新团队工程”、“出版工程”、“奖励工程”和“论坛工程”四个建设工程。“创新团队工程”旨在林业经济管理重点学科和其他具有优势和潜力的学科领域，以突出重点团队建设及领军人才培养、突出高水平标志性成果产出为原则，组建学术研究团队，择优提供研究费用资助。“出版工程”旨在鼓励学术创新、传播学术思想、扩大学术影响，资助学院教师多出具有影响力的学术专著。“奖励工程”旨在引导和激励教师申报高层次科研项目、产出高水平学术成果，鼓励教师关心学院发展、积极投身学院教学和科研工作，对在科研、教学和学院发展中取得突出成绩的教师进行奖励。“论坛工程”旨在营造学术氛围、加强学术交流、凝聚学术智慧、扩大学术视野、提倡学术创新，举办各种形式的学术论坛。

“出版工程”作为“英才计划”的重要组成部分，其实施范围在兼顾学院各学科领域的基础上，适当向林业经济管理学科领域倾斜。众所周知，林业经济管理学科在国家生态建设、低碳经济发展及现代林业体系构建中承担越来越重要的人才培养及科学研究责任。北京林业大学林业经济管理学科作为全国同类学科中唯一的国家重点培育学科，在林业经济理论研究方面长期积累，形成具有中国特色的林业经济管理学术体系，在林业经济管理学科发展，以及参与国家林业重大问题、前沿和热点问题研究中发挥了积极作用。为促进学科发展，提升学科服务于社会发展的水平，北林林业经济管理学科正努力开展林业经济理论系统研究，以及林业经济重大问题的持续研究，尝试对中国林业经济发展进行理论与实践的梳理和总结,更好地为中国林业发展发挥理论指导作用。

“英才计划”出版工程项目将系统、全面地向社会介绍北林林业经济管理学科及相关学科领域最新的研究成果。主要涉及林业经济管理基础理论，林业经济重点和热点问题，国内外林业经济与政策比较，以及经济学、管理学和政策学最新研究成果在林业上的应用等方面。这些著作中既有青年教师在博士论文基础上形成的最新著作，也有教师最新科学研究成果。该出版工程不求研究内容及形式的系统性和完整性，更注重创新性及探索性；特别是对于新时期中国林业发展与社会经济可持续发展关系、林业在应对全球气候变化中的经济与生态环境政策、当前中国改革与发展中涉及林业与生态环境的关键经济政策问题的创新性研究给予高度重视。

这些著作大多是我校经管院中青年林业经济工作者的研究成果，在学术上可能还有不尽完善之处，一些问题在学术界可能也有不同观点，我以为，实施该出版工程的根本目的是繁荣中国林业经济管理研究，鼓励学术创新，勇于探索林业经济重大问题，更好地为中国林业经济发展服务，同时使有志于中国林业经济研究的广大中青年林业经济工作者有机会发表自己的成果，与学术界交流、沟通和争鸣，提升他们的学术水平，为中国林业发展奠定人才基础。

北京林业大学校长

宋维明

2011 年 5 月 16 日

Foreword

Over the years, School of Economics and Management (SEM) of Beijing Forestry University (BFU) has made a great progress with an aim of building and fostering the national key discipline - forestry economics and management. We seize the opportunity, deepen the reform, aiming at the development of frontier subjects and gather all the wisdom and inspire all available resources and energy of teachers and students. We realize a scientific development, going forward with the times and people-oriented in teaching, research, personnel training and social service. In 2010, SEM got a breakthrough of history because we got 7 major projects from National Natural Science Foundation project, the National Social Science Fund and the Ministry of Education, Humanities and Social Science Fund and other national projects. About 33 papers were cited by SCI,EI and ISTP, with students winning the National Advanced Course Collective and more than 58 provincial level of academic competition awards. Four new programs of graduate studies were approved including Master of Business Administration (MBA), Master of Applied Statistics, Master of Accounting, Master of International Business. All the above achievements have laid a good foundation for the reform and development of SEM.

In order to further promote the development of college in the Twelfth Five-Year Period, from 2010, the college plans to use five years to promote Cultivating Talents Programs. The plan includes Innovation Team Project , Publication Program , Award Program and Forum Project. Innovation Team Project aims to focus on economic management in forestry and other disciplines which have advantages and potentials to highlight the building of the key leader in team and personnel training, highlighting the high level output of the principle of the landmark achievements and provide funds to the formation of research teams in the selection of the best research. Publication Program is to encourage academic innovation, disseminate of academic thinking, and expand academic impact of SEM by funding the publication of academic achievements made by teachers. Award Project aims to guide and encourage the teachers to apply for high-level scientific research projects, and academic achievement of high level, encourage teachers to care about development of the institute by taking an active part in university teaching and research work . Forum Project aims to create academic atmosphere, strengthen academic exchanges and combine academic intelligence by expanding academic horizons and holding various forms of academic forums.

Publication Program is an important part of Cultivating Talents Programs , which will put emphasis on economic management disciplines with the scope of all various disciplines in SEM .As we all know, forestry economics and management assumes an increasingly important responsibility for personnel training and scientific research in the national ecological construction, low-carbon economic development and construction of modern forestry system. Forestry economics and management of BFU, as the only nation greatly supported in all similar universities, has formed an academic system of the forestry economy with Chinese characteristics with long-term accumulation, and played an active role in the development of economic management disciplines and participation in national forestry major issues and hot issues of frontier. To promote academic development and enhance academic services to the community , economics and management disciplines of BFU are working to carry out systematic study on forestry economic system theory and continuous study on major forestry economics issues, trying to summarize and sort out the Chinese forestry economic development in both theory and practice to play a better role in guiding the development of forestry in China.

Publication Program will make a comprehensive introduction of the latest achievements in forestry economics and related disciplines to the society , including forestry management based on economic theory, economic priorities and hot issues in forestry, domestic and international comparison of forestry economics and policy, as well as economics, management and policy studies on the latest academic achievements in the forestry aspects of the application. All of these works include the latest work based on doctoral thesis of young teachers and the latest scientific research of teachers of SEM.

The publication does not seek a systematic integrity in the content and form, just to put more on innovative and exploratory research, particularly focuses on the relationship of forestry development in new period and sustainable economic and social development, including the global climate change in response to the economic and environmental policies, China's current reform and development related to forestry and ecological environment, etc.

These works are mostly works of young research workers in forest economics of SEM of BFU. They may not be quite complete and there may be different point of view in the academia, but our purposes are to make the research of forestry economics more prosperous, encourage academic innovation, the courage to explore major issues of forestry economy and better economic development of China's forestry services, which will give chances to young researchers in forestry economics to publish their achievements, and push the exchanges and communication and contention to improve their academic standards for laying a base of talents for forestry development in China.

President of Beijing Forestry University

Song Weiming

May 16, 2011

前　言

2011年，“十二五”开局之年。中国又一次站在了历史的十字路口。

2011年3月，党和国家领导人胡锦涛、吴邦国、温家宝、贾庆林、李长春、习近平、李克强、贺国强、周永康等来到位于北京奥林匹克公园附近的国家会议中心参观在这里举办的“十一五”国家重大科技成就展。在参观过程中，胡锦涛同志指出，完成“十二五”时期经济社会发展的目标任务，在激烈的国际竞争中赢得发展的主动权，最根本的是靠科学技术，最关键的是大力提高自主创新能力。

科学技术是第一生产力，经济增长中的科技进步的作用和贡献问题是现代经济增长理论研究中的核心问题之一，多年来在世界范围内有很多经济学家基于不同的经济发展情况从理论和实证的角度对此进行了研究。取得了丰硕的成果，但也存在诸多的不足。

现代林业的实质是发达的科技型林业。面对新世纪加入WTO、建设社会主义新农村、构建和谐社会等诸多挑战，科技进步已成为我国林业生存和发展的重要制衡因子。尤其是我国资源不足现象严重，如我国人均土地占有面积仅为世界平均的1/3，人均森林面积不足世界人均占有量的1/4，淡水资源也仅为世界平均的1/4，这种状况使得我国林业的发展的根本出路在于依靠林业的科技进步。

本书首先对科技进步历史进行了简单回顾，同时概述了现代经济增长理论中科技进步理论和模型以及科技进步测算研究的主要成果和研究方法，然后简要地总结了北京市的经济发展和科技进步情况，对北京市林业科技取得的成就、存在的问题作了简要总结，从四个方面总结了新阶段北京林业对科技的需求，在此基础上，探讨了北京市林业科技的发展趋势。基于国家林业局和北京市的相关统计资料，结合北京市林业的实际情况，在北京市林业局安排开展的多项专项调研的基础上，通过实地调查、专项统计监测、专家讨论等方法手段，采用各行业当前最常用的索洛余值法对北京市不同期间的林业科技进步贡献率进行了总体测算，再通过对北京市林业科技进步因子和科技进步贡献率影响因子，在此基础上本书提出了北京市林业科技发展的相关建议。

正确测算林业科技进步贡献率，有助于分析林业经济增长方式，从整体上把握林业科技进步的水平和科技进步的潜力，促进产业向科技集约型方向转变，提高林业产品的国际竞争力，更有效地建设生态文明等。希望本书的完成对此能有所帮助。由于作者水平有限，难免挂一漏万，请广大读者批评指正。

本书完成和出版离不开北京林业大学经济管理学院和中国林业出版社各位领导和同仁的大力支持，在此表示深深的谢意！此外，我要感谢我的导师黄鹤羽研究员和高岚教授以及本领域的前辈们，书中的很多思想受益于他（她）们的上下求索。我还要特别感谢北京市林业局，本书的一部分来自于其资助的一个项目。最后，我把此书献给我的爱人孙长霞和女儿吴启悦，是她们让我有勇气在科研这条路上不断前行……

著 者

2011 年 5 月 30 日

Preface

2011, the starting year of Twelfth Five - year Plan period, witnesses China standing in front of a historical crossroad again.

In March 2011, a couple of state leaders, including Hu Jintao, Wu Bangguo, Wen Jiabao, Jia Qinglin, Li Changchun, Xi Jinping, Li Keqiang, He Guoqiang, Zhou Yongkang, etc, came to China National Convention Center nearby Olympic Park to visit National Science and Technology Achievement Exhibition in Eleventh Five - year Plan period. During the visit, President Hu Jintao pointed out that in order to achieve the goals of Twelfth Five - year Plan, the most fundamental factors lay in science and technology, which are also important to win in the fierce international competition.

Science and technology are primary productive forces. The role of science and technology progress to economic growth is one of the core questions in the modern economics. For many years, lots of famous economists have been working hard in the field, from theoretical and/or empirical views, which made great achievements. But there are still many questions.

The essence of modern forestry is developed technology - empowered forestry. Facing the challenges of accession to the WTO, constructing New Socialist Rural Area, establishing harmonious society and insufficient resources, China has to do more to give impetus to science and technology progress.

The theoretical history of science and technology progress is reviewed firstly in this book. advantages and disadvantages about different theories are analyzed as well. Then current circumstances of economic development and science and technology progress in Beijing are introduced. Strength and threat of Beijing forestry science and technology are discussed after that. By the suitable models and statistic data, contribution rate of forestry science and technology progress is measured in different period. Countermeasures are put forward to in accordance to the research on contribution rate of forestry science and technology progress fators and on influential factors of contribution rate of forestry science and technology progress.

Analysis and research on the contribution rate of forestry science and technology progress are important in the theoretical and/or empirical field. The author hopes this book would give a little help here. Thank you for your reading. And the author looks forword to your responses and advice.

In the end, I must give my heartfelt thanks to the leaders and friends of Economic & Management College of Beijing Forestry University and China Forestry Publishing House, who help a lot to finish this book. My tutors, Professor Huang heyu and Professor Gaolan, and many other pioneers in this field teach me many and many not only in academics but also in the life. Beijing Municipal Forestry Bureau subsidized my team and me to finish a research project, and some fruit compose a part of the book. Finally, I dedicate this volume to my wife Sun Changxia and my daughter Wu Qiyue, who support me to trudge over the road to science...

Author
May 30, 2011

目　录

Contents

第1章

引　言

1.1　研究背景

与世界平均水平相比，我国人均耕地面积仅为世界人均耕地的1/3，人均淡水资源仅为世界人均水平的1/4，这种状况使得我国农林业发展的根本出路在于依靠农林业的科技进步。从国际情况来看，当今世界林业发达国家都竭力把科技运用到林业中，例如把遗传工程技术、遥感技术、电子技术、原子能技术、激光技术、克隆技术等与林业紧密结合起来，并取得了巨大的成功。过去，林业的专家往往只专于某个狭小的技术方面，这种状况难以适应当今林业科技革命的需要。现代林业要想实现快速发展，就必须充分利用多种科学技术，以尽快转变林业经济旧有的增长方式(高投入、低产出、高消耗、低效益的状况)，推进林业向商品化、专业化、现代化转变，大力发展林业领域里的新兴产业和高技术产业。

新时期的中国林业，面临着前所未有的发展机遇和严峻挑战。林业要适应现代化建设第三步战略目标的要求，维护国土生态安全，并最大限度地增加林产品的有效供给和满足社会日益增长的文化需求，任务异常艰巨。国家林业局提出了“以大工程带动大发展”，实现林业跨越式发展的新世纪林业工作思路。要实现林业跨越式发展，要靠投入、靠政策、靠机制、靠科技，最根本的还是要靠科学技术。因此，我们要完成生态建设和林业发展的历史性任务，必须依靠科技进步，加强林业科学技术的研究，运用各种技术促进林业发展。

北京是世界名城与历史古都，是中国的首都，也是全国的政治、文化和国际交往中心。北京市林业的发展状况关系到北京生态环境状况的好坏，关系到首都社会和经济的可持续发展，关系到首都人民生产和生活的生态环境质量的提高，关系到北京作为国际大都市的形象。在北京市林业发展中，需要林业科技起到重要的先导和支撑作用。但是，总体上来说，北京市现有的林业科技水平同林业发达国家相比，同本市其他行业相比，都是比较落后的。可以说，科技落后已成为影响北京市林业长远发展的一个重要制约因素。

国务院在2003年6月25日颁布了指导我国林业发展的纲领性文件：《中共中央 国务院关于加快林业发展的决定》。文件指出，我国仍然是一个林业资源缺乏的国家，森林资源总量严重不足，森林生态系统的整体功能还非常脆弱，与社会需求之间的矛盾日益尖锐。其中“科技含量低”是原因之一，并把“坚持科教兴林”作为加快林业发展的基本方针，在相关措施上，要求“强化科教兴林，坚持依法治林”。

国家林业局在向全国发布的《关于加强重点林业建设工程科技支撑的指导意见》中，明确提出在工程建设中要大力抓好科技成果的推广应用，使科技进步贡献率由目前的27.3%提高到50%以上。林业科技进步贡献率的测算因此也就成为科教兴林中的一项重要基础性工作。测算科技进步对林业经济增长的份额，有助于人们从总体上把握林业科技进步水平和科技进步的潜力，对决策有重要的参考价值，也是一个十分重要的国际间和地区间进行比较的指标。

1.2 国内外研究现状

1.2.1 国外研究现状

人们对科技进步贡献率相关方面的认识和理解是随着历史的发展而逐渐深入的。马克思在研究社会再生产过程时，曾把社会总产值 P 定为由被转移的物化劳动的价值 C 与活劳动新创造的价值 $V+m$ 两部分组成。其中 V 是活劳动消耗，m 是物耗。马克思在《资本论》中提出的剩余价值学说的著名公式为：

$$P=C+V+m$$

虽然上述公式是马克思为了揭示资产阶级剥削无产阶级的秘密——“剩余价值”而提出的，但其中已经蕴涵了经济生产是由各个生产要素共同投入结果的思想。并且通过这个公式可以粗略算出各个生产要素对经济生产作用所占的比例。

随着社会生产的日益复杂，厂商、行业和社会为了获得生产上的最大利润和福利，对各个生产要素的贡献率测算的需求就显得日益迫切。在此背景下，各个生产函数的模型不断被提出。

现在公认，生产函数的最初设想是瑞典著名经济学家威克塞尔(1901)提出的。他在其主要著作之一《政治经济学讲义》第一卷中，提出了生产函数的下述公式：

$$P = a^{\alpha} \cdot b^{\beta}$$

式中，a、b 为生产要素；P 为产量；α，β 为常数，且 $\alpha+\beta=1$。

随后，道格拉斯(1934)发表了他的知名著作《工资理论》，邀请长于数学的柯布为他的理论设计公式，在上式的基础上加入了一个常数，得到了生产函数的如下公式：

$$y = A \cdot K^{\alpha} \cdot L^{1-\alpha}$$

式中，y 为产量；K 为资本投入量；L 为劳动投入量；A 是一个常数，代表厂商的技术水平；α 是固定参数，且满足 $0<\alpha<1$。

大卫·杜兰勒(1937)在此基础上将生产函数改写为：

$$y = A \cdot K^{\alpha} \cdot L^{\beta}$$

式中，$0<\alpha<1$，$0<\beta<1$，$0<\alpha+\beta\leqslant 1$，$\alpha=\dfrac{\partial Y}{\partial K}\cdot\dfrac{K}{Y}$；$\beta=\dfrac{\partial Y}{\partial L}\cdot\dfrac{L}{Y}$分别表示资本和劳动的产出弹性。上式就是我们现在所说的“柯布—道格拉斯生产函数”，简称 C—D 生产函数。由于 C—D 生产函数本身形式和“技术水平恒定”等条件的限制，因此，上式对于分析技术进步是无能为力的。

为此，1942 年，首届诺贝尔经济学奖获得者丁伯根对 C—D 生产函数作了重大改进。他将上式中的常数 A 换成一个随时间变化的量 A_t，即：

$$y = A_t \cdot K^{\alpha} \cdot L^{\beta}$$

式中，A_t 代表了某一时期的技术水平；y，K 和 L 也是时间 t 的函数。这样只要用某种方法求出 α 和 β，便可以求出技术水平 A_t：

$$A_t = y/(K^{\alpha} \cdot L^{\beta})$$

由于丁伯根的研究工作，才使生产函数用于测算技术进步成了可能。

1957 年，美国著名经济学家、1987 年诺贝尔经济学奖获得者索洛提出了以增长速度方程为模型、用“余值法”测算技术进步的方法，他在中性技术进步的假定下，导出了生产函数的一般形式 $y = A_t \cdot f(K, L)$ 的增长速度方程：

$$\frac{\dot{y}}{y} = \frac{\dot{A}}{A} + \alpha \frac{\dot{K}}{K} + \beta \frac{\dot{L}}{L}$$

其中，“ · ”表示对时间的导数，该方程清楚地表示，产出的增长是由资本、劳动投入量的增加和技术水平的提高带来的，在估算出 α 和 β 之后，用差分近似代替微分，便可把技术进步速度作为“余值”计算出来：

$$\triangle A/A = \triangle Y/Y - \triangle K/K - \triangle L/L$$

阿罗与钱纳里、米汉斯等人(1961)合作，推导出投入量与产出之间关系的具有连续替代弹性的生产函数，简称 CES(Constant Elaticity of Substitution)函数。

克里斯丁森等(1973)提出了超越对数函数。这一函数不仅考虑了时间因素，还将投入要素进行了进一步的细分。

美国著名经济增长理论研究专家丹尼尔森(1975)则开创了对经济增长因素进行分析、寻求经济增长对策的先河。他把影响经济增长因素的作用分成两类：一是生产要素投入量的变化；二是单位生产要素生产率的变化。他将影响经济长期增长的因素归纳为七个方面：①就业人数及其构成；②投入人工时数；③劳动者的教育程度；④资本存量的规模；⑤知识的进展；⑥资源的配置；⑦规模经济。丹尼尔森用“剩余法”对美国和其他发达国家的经济统计资料进行了长时间跨度的计算分析，以确定各因素对经济增长的贡献程度。在对美国 1929 ~ 1976 年间国民收入资料的分析后，他认为：要素生产率的提高是促进美国经济增长的主要因素，且重要性还在提高，从 1929 年 50. 2% 提高到 1976 年的 55. 6%。如果把教育因素归于其内的话，则 70% 以上的经济增长是生产率和教育提高的结果。这说明技术进步、管理和教育是促进经济增长的主要因素。

在此基础上，联合国经济社会委员会推荐使用了专家评判统计法，这种评价方法认为生产过程中投入和产出之间的转化是靠技术实现的，而技术是由4个基本要素组成：生产的工具与设备；生产的技能与经验；生产的资料与信息；生产的组织与管理。每个要素通过专家评判统计确定下来。

著名的美国运筹学家查恩斯、库伯、罗兹(1978)提出了数据包络分析法(Data Envelopment Analysis，简记DEA)，它在充分掌握决策单元的多投入多产出的情况下，是研究部门或单位间相对有效性的一个十分有用的方法，只是计算比较复杂。

1.2.2 国内研究现状

我国经济学界对科技进步的评价大约开始于20世纪80年代初(李京文，1980；史清琪，1981)。

随后，我国农林业专家将其引入农林业研究领域，并作了进一步的研究和完善。朱希刚于1982年建立了全国农业总生产函数的回归方程，对我国1972~1980年以来的农业科技进步贡献率进行了测定。

施礼河(1987)采用动态生产函数对我国26个省市1979~1984年间的农业技术进步贡献率进行测定。

魏权龄(1989)用DEA方法研究技术进步对经济增长的贡献，在有效生产前沿面的基础上测定中型技术进步，又可测定偏性技术进步。它反映了在一定的技术水平下所能得到的最大产出水平。

林凤鸣(1991)用生产函数对大中型工业企业技术进步贡献率的测算作了初步探讨和尝试，测得1981~1986年我国大中型木材加工企业的科技进步贡献率是23%。

张颖(1993)用增长速度方程对我国森工经济效益作了度量分析，其计算结果表明，我国森工技术水平1957~1968年大体呈下降趋势，1969~1989年大体呈上升趋势。1957~1989年技术进步贡献率为13.88%。

顾焕章(1994)采用前沿生产函数对“七五”期间农业技术进步在农业总产值中的贡献进行了测算，得出“七五”期间农业技术进步贡献率为32.4%。

周方(1994)认为，经济增长来源于生产要素投入量的增加和生产要素单位投入的产出量(即生产要素生产率)的提高，如果在生产要素投入量不变的同时，生产要素生产率也不变，那么产出将不可能有任何增加。因而，科技进步应包括广义的含义，即除了资本和劳力之外所有能增加产出的原因。

中国林科院的黄鹤羽等(1995)首次对全国的林业系统科技进步贡献率进行了系统的研究，测得我国当时林业科技进步贡献率在15%~25%之间。

吴永常(1996)等利用修正过的科技进步因素分析法计算了我国两大玉米主产区(9个省)科技进步、品种改良、化肥投入和经营管理等措施引起产量的变化。结果表明：1985~1994年间，良种的推广应用和化肥投入是玉米增产的两大主导因素，经营管理等其他因子限制性贡献明显。在科技进步对产量增产的平均贡献中，品种改良占35.5%，化肥投入占51.4%，经营管理等其他措施占13.1%。并指出，今后在广泛应用高产、高抗、耐密优良品种的基础上，要确保一定的物质投入水平，突出加强技术管理，才能充分发挥良种生产潜力，提高良种生产综合生产力。

1997年初农业部发出《关于规范农业科技进步贡献率测算方法的通知》，将中国农业科学院经济研究所朱希刚等研究设计的“我国农业科技进步贡献率的测算方法”作为统一使用的方法。

测算科技进步因素贡献份额是将影响某一行业发展的科技进步因素进行分解，设立相应的指标，建立指标体系，根据各指标对科技进步的重要程度，确定指标的权重，然后测算各个科技进步因素在科技进步贡献份额中的贡献大小。洪少朋(2000)对广东东莞市农业科技进步主要因素作用进行了测算，分析得出：农业科技进步贡献率各因子的权重大小依次是良种、种养技术、政策法规、科技信息、农用新材料新设备、劳动者素质和社会化服务体系。

国家科委从20世纪90年代开始对科技进步水平的统计监测和综合评价进行了研究与应用，并且设置了一些指标来进行全国科技进步统计监测和综合评价。这个方法开始于1985年的科技普查，以后每年都进行科技统计。国家科委在1994年开始对国家和地区的科技进步水平统计监测进行研究，并成立了科研课题组。经过专家课题组研究之后，国家科技进步统计监测从1995年开始试运行，并在1997年通报了科技进步统计监测的结果。这个指标体系中的许多指标从某种意义上来说就是影响科技进步的各个因子。

这些指标的好处在于可以利用现有的科技统计指标，综合评价结果的可比性好，可进行纵向和横向比较，应采取的政策措施明确，受到中央和地方政府的重视。因此到1996年，浙江省开始在全省范围内实行市、县领导科技进步目标责任制，并逐步制度化、规范化，建立了科技进步统计监测评价体系，推动了全省的科技进步。2000年，广东省开始对全省市、县党政领导推动科技进步实绩展开全面考核，对改革开放以来的科技工作进行了总结和概括。目前，全国科技进步统计监测体系已经在全国开展开来。

1.2.3 简要结论

林业科技进步贡献率以及各因子和影响因子的测算是一个重要的理论问题，也是一个非常复杂的技术问题。

首先，随着我国进入建立和谐社会新的历史阶段，对科技进步贡献率的研究将越来越深入，各个行业几乎都进行过相关测算。到目前为止，已经建立起以速度增长方程和索洛“余值法”为主的计算方法，并且取得了可喜的成绩，为我国科技和社会经济的发展做出了重要的贡献。但是在计算方法上还没有统一，测算时所选取的参数在方法上也没有达成共识，导致测算结果常常产生争议。因此，需要对模型的建立进行进一步的说明。

其次，现在我国的林业科技进步贡献率的测算主要还是集中在贡献率大小的测算上。但是测算林业科技进步贡献率，虽然有助于从总体上把握我国林业科技进步水平，但科技进步贡献率是一种比值关系，是一个经济指标，而不是一个单纯的技术问题。因此，单一的技术进步贡献率指标，仅是对林业经济方式的一种考察，而无法反映林业实际情况，只有将这一指标进行进一步的分解和分析，才能反映林业发展的实质，相关的林业科技发展政策也才能更具有针对性。

再次，虽然研究林业科技进步对社会经济的作用的不少，但是对林业科技进步因子贡献率和林业科技进步贡献率影响因子的研究很少，尤其是关于林业科技进步贡献率影响因子的研究几乎没有。但是就林业科技进步贡献率而言，它受多种因子的影响，每一因子都有各自的特点，其作用规律各不相同。因此在测算林业科技进步对林业经济增长的贡献的同时，测算林业科技贡献率的影响因子作用大小也很必要，迫切需要我国林业方面的专家和学者进行这方面的创新工作。

1.3 研究的目的和意义

按照北京市政府的要求，北京市林业科技发展要紧紧围绕新时期我国林业发展的中心任务和北京林业"三大体系"建设的目标，建立新型林业科技创新体系，大幅度提高林业科技的创新能力。以科技创新确保林业生态建设的质量和水平，以技术跨越提升林业产业建设的规模与效益，推动林业结构调整，提高城市林业的功能，不断满足人们多样化需求。因此通过测算北京市林业科技进步贡献率的大小，并找出各因子和各影响因子的作用规律，在此基础上提出针对性的政策建议，就成为摆在林业经济学者面前一个具有时代意义的课题。如何将经济发展的方式引导到科技进步的轨道上来，已成为摆在各级领导者和学者面前的一项亟待完成的历史任务。

本书在综合运用自然科学和社会科学等理论知识的基础上，充分利用各种统计资料和实地调查的资料进行定性分析和定量分析，并通过量化的指标了解、评价、检查监督北京市林业科技进步状态和走势，综合考评北京市林业科技进步总体状况，以进一步激励各个部门和企业加大依靠科技进步实现"两个转变"的动力，促进科技、经济、社会有机地融为一体，加速林业经济发展从外延式向内涵型、效益型的战略转变和经济活动从数量型向质量型转变。

本书通过测定北京市林业科技进步对经济增长的份额，研究促进和增强科技进步在社会经济发展中的作用和影响。在此基础上找出北京市林业科技进步因子和北京市林业科技进步影响因子的作用规律，结合北京市林业科技的现状，提出提高北京市林业科技进步贡献率的政策建议，旨在为北京市林业实现跨越式发展服务。同时，也对分析和探讨林业科技进步贡献率的相关研究做一些理论和方法上的尝试。

1.4　技术路线和结构

1.4.1　结　构

本书分为八部分：

(1)引言。主要阐述本书研究的目的、意义，并对本书中研究的国内外研究现状进行简要评述，说明本书中研究的目的、意义以及主体结构和研究的技术路线等。

(2)林业科技进步贡献理论探讨。本部分为开展研究做好基础理论准备，主要分析和研究了科技和科技进步的内涵、经济增长和经济发展含义和相互关系、科技进步对经济发展的贡献作用以及指导北京市林业科技进步的几种重要理论。

(3)北京市林业科技概况。本部分主要总结部分北京市林业科技取得的成就、面临的问题、发展趋势和需求，然后分析了北京市林业科技对区域发展、北京市林业科技对行业发展的作用。

(4)林业科技进步贡献测算方法的研究。在本部分里，主要介绍本书所使用的数学方法，主要包括微积分、多元回归、特尔菲法、层次分析法、方差分析等相关知识。

(5)北京市林业科技进步贡献率的测算和分析。本部分根据前面的基础工作，结合“八五”、“九五”、“十五”和“十一五”部分时期北京市林业实际情况，测算这些时期北京市林业科技进步贡献率和科技进步速度，然后对测算结果进行分析研究。

(6)北京市林业科技进步因子贡献率的测算和分析。本部分根据计算出来的北京市“十五”林业科技进步贡献率和各因子的权重，测算出林业科技进步各因子的贡献率，并对结果进行分析，为提高北京市林业科技进步贡献率提出具体措施。

(7)北京市林业科技进步贡献率影响因子的测算和分析。在本部分里，根据特尔斐法、层次分析法和方差分析的方法，建立起北京市林业科技进步影响因子的指标体系，并定量地研究了每个因子的影响作用。

(8)北京市林业科技发展的政策建议。通过分析北京市林业科技发展的机遇和挑战，结合本书的研究成果，针对性地从各个不同的方面提出了相应的政策建议。

1.4.2 技术路线

在文献查阅和实地调研的基础上，本书首先对科技进步的内涵进行深入的分析和探讨，再从发展经济学，技术经济学，区域经济学，产业经济学，人口、资源、环境经济学等学科的相关理论出发，开展北京市林业科技进步贡献率的测算和对策的相关研究。

根据各项统计资料，通过建立回归方程，对“八五”、“九五”、“十五”和“十一五”部分时期的北京市林业科技进步贡献率大小进行测算，并且对贡献率在这近二十年间的变化进行原因分析。

长期以来，单一的技术进步贡献率指标，仅是对林业经济方式的一种考察，而无法反映林业实际情况，只有将这一指标进行进一步的分解和分析，才能反映林业发展的实质。通过特尔斐法、层次分析法和方差分析的方法，分解出北京市林业科技进步因子和北京市林业科技进步贡献率影响因子，并赋予一定的权重，这样就可以对北京市林业科技发展提供针对性的分析和对策建议。详见技术路线图(图 1-1)。

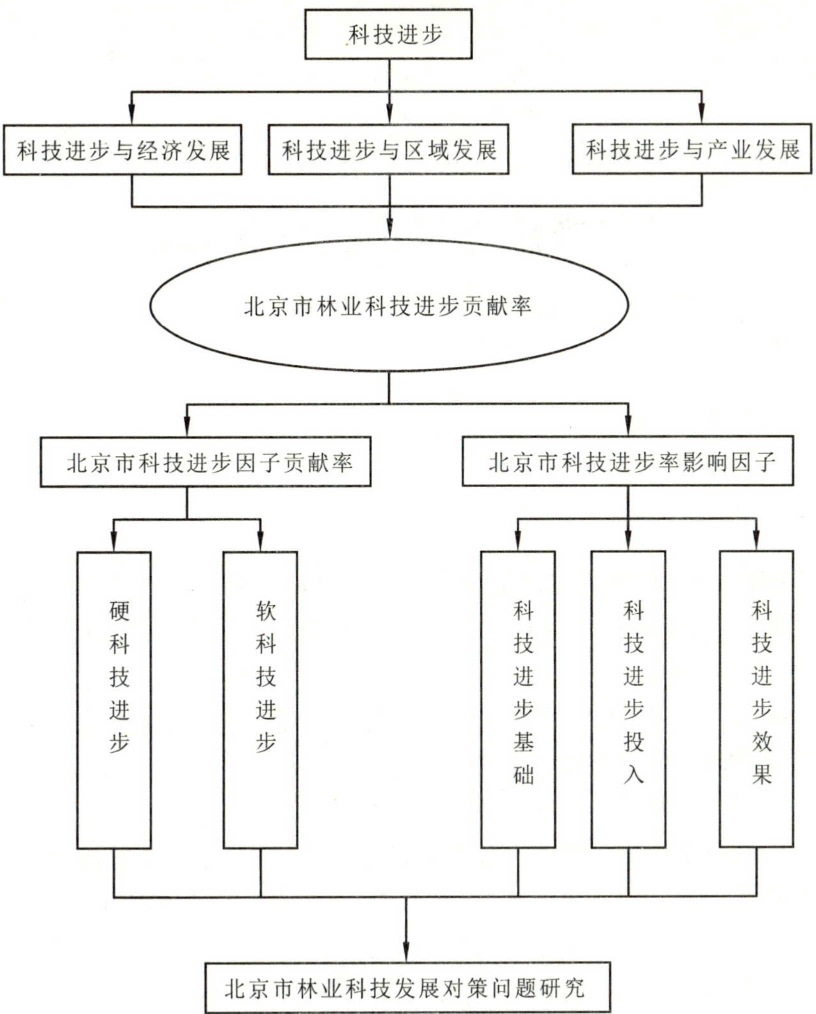

图 1-1 北京市林业科技进步贡献率研究技术路线图

Fig. 1-1 Technological Route to the Research of Contribution Rate of S&T Progress in Beijing

第2章

林业科技进步贡献理论探讨

2.1 科技进步

2.1.1 科 学

“科学”一词起源于中世纪拉丁文“scientia”，后来衍生为英文的“science”和法、德等国的类似字句，其本意为“学问”、“知识”，特别是指通过观察和试验物质世界、自然规律和社会的事实所得到的系统知识。《辞海》(P4958)中把“科学”解释为运用范畴、定理、定律等思维形式反映现实世界各种现象的本质和规律的知识体系。

科学是人类社会的结晶，是历史发展的产物，是现代社会文明的基础。科学是一个历史范畴，在各个历史阶段具有不同的含义和特点。

1888年，达尔文给科学下过一个定义：“科学就是整理事实，从中发现规律，做出结论。”这个定义指出了科学的内涵，即事实与规律。

科学要从事实中找出客观事物之间内在的本质的必然联系，所以，马克思认为“科学是建立在实践基础上，经过实践检验和严密逻辑论证的、关于客观世界各种事物的本质及运动的知识体系”。在马克思看来，科学“是一种在历史上起推动作用的、革命的力量。”(《马克思恩格斯全集》第19卷，P375)科学可以转化为直接生产力，离开科学知识，就不会有生产的现代化和社会的现代化。科学发展的动力是生产发展和社会发展的需要。现代科学正沿着学科高度分化和高度综合的方向蓬勃发展。

科学可以定义为“反映自然、社会、思维等的客观规律的分科的知识体系”，科学用逻辑和概念等抽象形式反映世界。科学的任务是揭示事物发展的客观规律，探求客观真理，作为人们改造世界的指南。科学的价值随社会的发展而与日俱增。

在经济学家看来，科学则是一种系统的探索，而不是将其作为一组预先指明的专业知识领域。研究是为了产生新的知识，获得知识的主要工具就是科学。科学是系统(可靠)的知识的有组织的积累，其目的是理性的解释和预测。科学为研究提供了知识基础，反过来，研究又增加了科学的内容，并为科学知识提供了工具。

2.1.2 技 术

"技术"(《辞海》P810)泛指根据生产实践经验和自然科学原理而发展成的各种工艺操作方法和技能，如作物栽培技术、育种技术等。

技术也是一个历史范畴，它的历史与人类的历史一样长。伴随着人类步入现代文明的殿堂，技术的内涵不断变化充实，在各历史阶段的概念也各不相同。历史学家费尔南·布罗代尔说："人类为改造外在世界所做出的一切努力都是技术，这里不仅包括在强力作用下实现的突变，即所谓革命(火药革命、远洋航行革命、印刷术革命、水磨和风磨革命、早期机器革命)，而且包括不厌其烦地对工艺和工具从事的缓慢改良：水手勒紧缆绳，矿工挖掘坑道，农民犁田，铁匠打铁，这些重复无数次的动作固然谈不上有什么革新的意义，但它们是知识积累的结果。"

对技术概念的探讨，最早始于古希腊。技术一词源于希腊文"Technikos"，原指个人的技能和技艺。英语中技术是"Technology"，意为：①工艺的科研与应用和应用科学(如工程技术)，工艺学，工程学；②(工业等方面的)技术应用。技术最原始的概念是熟练，熟能生巧，巧就是技术。文艺复兴时代，技术被理解为经验和技能。随着产业革命的兴起，生产力的飞速发展，人们把技术的物质手段看成是技术的标志，认为技术是物质手段的总和。

在社会生产和生活这个层面上，狭义的技术是指"专门的技能"，广义的技术是指"进行物质资料生产所凭借的方法或能力"。即技术是：①人类在利用自然和改造自然的过程中积累起来并在生产劳动中体现出来的经验和知识，也泛指其他操作方面的技巧；②指技术装备(除操作技能外)；

③广义的技术还包括相应的生产工具和其他物资设备，以及生产的工艺过程或作业程序、方法。

国内外众多学者和机构曾给技术下过各种定义，曾德聪提出：“技术是为社会生产、社会生活、科学实验、科学管理和提供服务等目的需要的，在生产斗争、社会实践和科学实验中形成和发展起来的各种知识、方法、手段、工艺、技能、诀窍、工具、设备和规则等的体系。”

法国科学家狄德罗主编的《百科全书》给技术的定义是：“技术是为某一目的而共同协作组成的各种工具和规则体系。”

在经济生产这个层次上，埃迪莱克和拉波鲍特(1985)认为，技术是关于某种产品或生产技术的一组知识，有时也包括使用该产品或生产技术的技巧。

巴拉森(1978)持近似的观点，认为技术“是知识、技巧和产品设计特性、产品和工序技术、生产特定工业产品有意义的体制等一整套复杂的东西”，并将技术描述成产品内含或非产品内含两种。

凯蒂和巴伽特(1988)的分法比较简洁，只区别了人、工序和产品内含的三种技术。

经济学家巴克莱(1985)曾说过：“定义无所谓对错，只是有用一些或没有用一些而已。”

经济生产是把资源转化为可用物品和社会服务的主要过程，也是把资源转化为商品的过程，而资源是通过生产技术手段转化的。李平认为，“技术”泛指“人们利用各种稀有资源从事各类经济活动的有效手段，其外延包括产品、工序、人力和组织等各个方面”。从经济活动的有效手段来看，不论是作为使生产过程得以实现的手段(工艺技术)，还是作为以制造品形式所体现的设计(产品技术)，技术都是为了经济生产的目的而开发和应用的。

2.1.3 科学和技术

从上面的分析可知，科学是由人类认识客体的知识体系、产生知识的活动和科学方法等按一定方式所构成的一个动态系统，科学意义下的知识主要包括“是什么”与“为什么”两类知识，即事实知识与原理知识。技术是人类在实践活动中，根据实践经验或科学原理所创造发明的各种物质手段及方式方法的总和，所谓物质手段，包括工具、机器、设备等，所谓方式方法，包括实践型的知识(做什么和怎么做)、经验、技能、技巧等。

从哲学层次上看，科学是人类认识世界的手段，技术则是人类改造世界的手段，正如认识与实践之间的关系一样，科学与技术之间是相互联系、相互促进、相互制约、相互区别的对立统一关系，两者在认识世界和改造世界的共同基础上统一起来了，所以在经济增长过程中研究科学技术，不能将其简单分割为“科学”和“技术”，而应将其视为一个整体不可分割的存在形式，称之为科技。科技的涵义可界定为：人们在认识世界和改造世界的过程中形成的知识体系及组成的各种工具和规则体系。

科学与技术密切相关。一方面，科学理论和实践上的许多重大突破，对技术进步有着巨大的理论指导贡献，往往成为推进整个科学事业和社会生产力发展的源泉，甚至开拓前所未有的生产新领域；另一方面，现代科学的发展已无法离开现代技术的支持。

2.1.4 科技进步

科技进步的概念有着非常明显的层次性，从不同的学科，例如从工程学、技术论、经济学和社会学等来看，对其含义和理解各不相同。科技进步概念的层次性还表现在可以从不同的角度对其进行考察：既可从科技进步的过程和结果，也可以从科技进步与经济和社会发展的联系，还可从不同经济单元的角度来看科技进步。

从科技本身来讲，科技进步有两种含义：科技知识的进步和科技应用的进步。前者表现为各种技术原理、思想、方法的不断丰富、完善和更新，后者表现为科技不断转化为社会生产能力和社会生活条件。所有科技知识的进步都增加了人类改造、利用、控制自然的可能性，即增加了可能有用的科技储备。科技知识的增长和科技能力的扩大，为提高生产效率奠定了基础，是科技系统的潜在效能。从改善经济生产的手段来看，科技进步主要是指人们在开发利用自然资源和生产各种产品、材料时，所应用的方法、工艺、技能和生产工具、产品、设备的技术性能、质量和效率等方面所取得的进步。作为改善生产的手段的过程，科技进步增长科技知识，扩大科技应用能力，是人们在认识自然规律的基础上对生产工具、生产方法和生产技能的改革和创新。这个层次上考察的是经济生产中科技进步的具体物理过程，属于工程科学范围，是工程意义上的科技进步。

从经济生产的过程看，科技进步不仅是改善生产的过程，也是改善经济效果的过程。苏联学者波利亚赫曼认为："科技进步乃是在研究、开发及其应用的基础上系统地完善生产诸要素的过程，以提高再生产的社会经济效果。这个定义包括三个要素：过程的结果(革新)、过程的内容(研究、开发及其应用)、目的(提高再生产的社会经济效果)。"这里衡量科技进步的标准不只是生产手段的提高，还要看产生了多少实际的效果。它已经从物理过程的工程学观点转变为生产过程成本效益评价的经济学观点。

因此可以说科技进步是人类在经济生产活动中，因有效的科技变化而提高科技系统在经济生产活动中的总体效能的动态过程。科技的有效状态是由科技在经济活动的主体之间存在的状态和使用状况所决定的。在经济活动中，这种有效状态取决于科技的可获得性和可用性，科技在经济生产中可用性的增长是科技向前发展的有效变化，这种科技变化就是科技进步。

更进一步地分析发现，科技进步可以分为狭义的科技进步和广义的科技进步。狭义科技进步指的是物化形态的科技所取得的进步，是依附型的科技进步，例如工艺的改进等。由于狭义的科技进步可见、摸得着，通常又叫做"硬科技进步"。广义科技进步除了包括狭义科技进步的内容外，还包括管理、决策等"软科技进步"。

2.2 经济发展

2.2.1 经济增长

增长（growth）与发展（development）这两个概念经常混淆。英文"growth"一词有两种近似而又有所不同的含义：一是成长、生长；二是增长、强大。早期西方经济学家从"growth"一词的第二种含义出发，没有将"growth"与"development"一词区别开。一直到20世纪60年代初期，当时的一些西方经济学家还习惯于把经济发展等同于经济增长。但随着人们实践和认识的不断深入，人们逐渐认识到增长和发展是不同的两个概念。罗伯特·克洛尔在1966年发表了一篇名为《无发展的增长》的研究报告。在这篇报告中提出了增长不等于发展的观点。其他一些发展经济学家也从实践中发现了同一问题。这就促使人们对经济增长和经济发展进行重新思考和再定义，1980年出版的《新大英百科全书》已将“经济发展”与“经济增长”分为两个词条，以区分这两个概念。这反映了人们对“经济发展”和“经济增长”这两个概念认识的深化和发展经济思想的演变。

经济增长是对一个国家经济实体、经济力量的增长而言的，是指一个国家的商品和劳务产出能力的扩大和生产商品、劳务量的增加。一个国家的经济增长意味着在一个国家的经济中，投资不断增加和产量的不断提高。经济增长还意味着生产中的更高生产效率、物质财富增加和人们经济水准的提高。因此，经济增长是一个经济运动的过程。在这个过程中，随着经济增长，实际国民生产总值、国民收入的水平也不断地提高和增加。

早期的经济学家研究的重点基本上都是经济增长，并把它界定为在一定空间范围(一国、一地区、一区域、一省、一市……)和一定时间范围(一月、一季度、一年、三年、五年……)内，从事生产和服务的人们的产品和劳务产出的增长，一般用国民生产总值(Gross National Product, GNP)、国内生产总值(Gross Domestic Product , GDP)或国民收入(National Income，即NI)来衡量，或他们的人均数值来衡量。

2.2.2 经济发展

到目前为止，许多发展经济学家不断对经济发展的内涵进行定义。瑞典经济学家缪尔达尔(1957)曾在书中写道：“经济发展作为一种主要政策目标的共同要求在不发达国家出现，把提高普通人的生活水平作为发展的定义，认同经济发展是政府的一项任务……所有这些成为历史中全新的重要事情。”巴尔拉克罗(1969)提出，经济发展是：“一个意识形态上的概念，包括收入分配、公平原则和全体居民(包括农民)广泛参与社会和政治机构等方面的目标。”赛尔斯(1972)则认为“发展意味着不断创造实现人类自我存在的条件。”这些定义为人们科学认识经济发展这一概念提供了有益的启示。但是，由于不同国家的社会、经济状况差异很大，很难找到一个经济发展的统一模式和理论，因此，对经济发展也没能形成一个公认的定义。尽管如此，经过几十年的研究，对经济发展的内涵还是形成了一些公认的观点：

首先，经济发展是一种质的变更，是一种结构性变化。一般认为，经济发展不同于经济增长，经济增长强调的是国民生产总值量的增加，而经济发展不单是产出的增加，还包括产品的生产和分配所赖以进行的技术、经济制度的变革。如果说经济增长是社会产品量的变化，经济发展则是一种量变基础上的结构性质变。世界上可以有无发展的经济增长，但不可能存在无增长的经济发展。经济增长是经济发展的重要内容，但不是惟一内容。

其次，经济发展不单指经济方面的变化，还包括社会制度的变化。许多学者用“经济社会发展”一词来代替“经济发展”一词，以表明他们对社会制度变化的重视。一般认为，发展意味着改善物质福利，根除大众的贫困、文盲、疾病和早夭，保证普遍就业，改善产业结构，让民众普遍参与经济发展及其他方面的决策，从而增进自己的福利。也有人将经济发展看作是发展的一部分，经济发展大多集中于物质生产方面的问题(产出、就业、收入、生产的构成等)，而发展作为一个总体则论述人类状况的变化。

综上所述，人们认为可以把经济发展定义为：伴随着经济结构、社会和政治体制变革的经济增长。即经济发展不仅意味着产品和劳务的增长，还意味着随着产出的增加而出现的产出与收入结构上的变化，以及经济条件、文化条件的变化。其内容包括：物质福利的增进(特别是低收入的人)；大多数人贫困及与之相联的文盲现象、疾病和夭折现象的消失；收入与产出结构的变化(一般表现为生产结构由农业转向工业，就业与提升不为少数权贵独占)；广大人民群众参与经济以及其他方面的决策等。

经济发展包括经济、社会和政治结构变化，包括投入结构、产出结构、产业比重、分配状况、消费模式、社会福利、文教卫生、公众参与等内在的经济条件、政治条件、文化条件的变化，它是一个国家从落后状态逐步过渡到先进状态，这一过程中的主要问题是经济问题，涉及社会生活的一切方面。

2.2.3 经济增长和经济发展

根据前人的观点，虽然“增长”和“发展”词义相近，但是这两个概念还是有区别的。这种区别主要表现在：

一是内涵不同。经济增长是以国民生产总值等表示的总产量增加或人均产量的增加，而经济发展不仅含有产量增加之意，而且还表明产业结构、技术和体制的改进。经济发展包括经济增长，但不等于经济增长，或者说，经济发展过程将意味着是一个经济增长过程，而经济增长不能意味着是经济发展，但必须指出的是，经济增长是经济发展的重要组成部分，若没有产出量的一定增长，经济发展便会失去物质基础。从这个意义上说，无增长也就无发展。

二是促成结果的原因不同。经济增长可以缘由生产要素增量而导致产出量的增加，也可以是生产效率提高所致，而经济发展不仅具有这些内涵，而且还包括各种投入量所做贡献的相对比例变化作用的结果。

三是量化的难易程度不同。经济增长是可计量的客观的数值，它表示总产值及劳动力、资本、贸易、消费等总数的增大，而经济发展中的结构、技术、体制等因素的优化或合理化很难用数值直接表示。

但同时二者又是紧密联系的。经济增长是手段，经济发展是目的；经济增长是经济发展的基础，经济发展是经济增长的结果。除了一些特殊情况外，一般来讲，经济增长是经济发展的基础和前提，经济增长是经济发展的必要条件，但不是充分条件，即没有经济增长不可能有经济发展，但有经济增长却不一定有经济发展。没有经济增长，也就是说没有社会财富的增加，人们生活水平的改善也就无从谈起；但有了经济增长，人们的生活水平也不一定能够改善。出现这种情况的原因主要有三个：第一，经济社会制度的原因。例如人均国民生产总值提高了，但由于分配不公，基尼系数扩大，致使贫者愈贫、富者愈富，不能称作发展。第二，增长的内容被浪费掉了。如国民生产总值增加了，但这种增长造成了生态环境的破坏，使人们的生活环境恶化，要改变这种状况，社会被迫拿出大量的钱财治理环境。则增长的内容可能被抵消了，也不能称是发展。第三，从非经济层面看，如果经济增长后相关的社会制度、组织机构、市场机制未根本改善，就不能使社会正常发展，也不能称作发展。因此，要促进经济发展，就不能单纯地追求产出的增长，而应在改进经济体制、产业结构、收入分配、社会福利、文教卫生、公众参与等经济环境方面的同时，实现更高的经济增长。

2.3　科技进步与经济发展

经济的主要内容是社会物质生产和再生产的活动及在活动中形成的获取物质资料的社会生产力。马克思从商品生产入手研究了资本在资本主义生产过程中的作用，提出了社会发展规律，并从生产过程中的劳动来考察经济活动中生产力的三个基本要素：劳动者、劳动资料(包括生产资料和生产工具)和劳动对象，并认为劳动者是生产力中最革命的因素。生产过程是经济最基本的活动，决定交换、分配和消费等其他活动。

科学技术进步与经济发展的关系，一方面表现为经济的发展不断对科学技术提出新的要求，促进科学技术的不断发展和变革；另一方面，科技进步表现为在创造、应用和推广科技成果的基础上，不断促进经济的增长。科学技术进步作为影响经济增长的一个重要因素，对提高社会生产效率起着决定性作用。事实表明，在投入总量等其他条件不变的情况下，较先进的科技可以带来较高的产出；或者说，在产出等其他条件不变的情况下，较先进的科技可以减少投入总量。

科技和经济是现代社会中既相互独立又相互联系的两个系统，它们是人类社会的物质生产活动中始终并存的两个方面，二者既相互促进又相互制约。进行现实的生产，只有通过科技才能把生产要素有机地结合起来，从这个意义上讲，经济生产是离不开科技的。科技决定生产方式、生产要素的状况和水平、生产过程中劳动的性质和方式以及生产要素的不同结合方式。在现代社会中，科技已经广泛渗入了社会生产力的各个要素之中，丰富其内涵，改变其性质和结构，提高其水平，可以引起生产力的革命性变化，等等。具体地说，科技进步对经济发展的作用体现在以下几个方面：

(1)科技进步决定着生产要素和生产过程中的劳动性质及其方式。从发达国家科技演变的历史来看，随着科技的进步，人们的劳动时间有所减少、劳动强度有所降低，使得时间支出减少、劳力成本降低。

(2)科技进步引起劳动资料的变化。科技水平决定着劳动资料的水平，劳动资料包括生产资料和劳动工具等内容，科技的变化使劳动资料的性质、结构、功能等都发生巨大变化，也使经济生产过程发生变化。劳动者的生产力是与其所使用的劳动工具的效能相关联的。若劳动者使用的劳动工具效能高，其生产力就高，产出的增长速度也高，经济类型和结构亦发生相应变化，许多较大的科技变化都是体现在机器设备等劳动手段的变化上。

(3)科技进步不断扩大劳动对象的范围和深度。科技进步拓宽着人类的活动领域和视野，引起劳动对象的变革。劳动对象指劳动者在生产过程中将劳动作用其上的所有东西，科技至少以两种方式来影响劳动对象：①新科技可以改变原材料的物理或化学属性，可以导致新材料的出现，扩大劳动对象的范围和深度；②科技可以为人们寻找和获得新的矿藏等自然资源提供新的手段，因而可以扩大劳动对象的数量和规模，或者降低人们获得这类劳动对象的成本。科技进步可以通过改变劳动对象的属性和扩大劳动对象的规模等途径来影响生产。

(4)科技进步可以提高劳动者的素质。科技进步可以提高人力资源的质量，同时又对劳动者提出了新的要求。劳动者是指具有某种素质(技能素质和精神素质)的劳动力。劳动者的素质、知识与技能和其在生产中的主动性与创造性，对劳动工具充分发挥效能并使生产获得更好的经济效益，具有决定性的作用。科技进步本身和生产过程所涉及的一切都是由具有一定技能的劳动者来实现的。马克思曾指出：劳动过程就是“劳动者利用物的机械的、物理的和化学的属性，以便把这些物当作发挥力量的手段，依照自己的目的作用于其他物”的过程。

(5)科技进步也可以改变生产要素结合的方式。不同的科技决定了种种生产要素在生产过程中的不同结合方式，不论是要素的组合比例，还是要素的结合形式，都是随科技的变化而变化的。科技进步决定着投入要素的具体形态和搭配数量比例的具体方式，促进了组织与管理的变革，而管理或组织是对各种投入要素的运行过程进行控制、调配和监督的手段。

(6)科技进步作用于生产、交换、分配和消费等各个环节，影响它们的性质、内容和方式。这种影响作用有直接和间接两个方面：一方面科技进步通过生产对交换、分配、消费诸环节发生作用。事实上，没有生产就没有交换、分配和消费，它们的性质、内容、原则、形式及其规模，都是由生产决定的。科技进步日益成为社会生产发展的主导因素，也日益成为社会交换、分配和消费发展的决定性因素。另一方面，科技进步直接影响着生产、交换、分配和消费诸环节。人们不仅要获得产品，而且要按照科学的程序和科技手段去组织生产交换、分配和消费，使产品具有“时间优势”和“空间优势”，以实现最佳的经济效益。

2.4 林业科技进步与林业发展

2.4.1 林 业

林业是一个关系人类长久生存与发展的重要部门，许多专家、学者对林业的定义进行了界定。丹尼尔·拉佩滋主编的《科学技术百科全书(农业·林业卷)》中定义的林业是为了取得木材、饲料、水源、野生动物和为了游憩等目的而经营林地的事业；《苏联百科词典》则认为林业是社会生产的一个部门，它从事保护、利用和更新森林，以满足对木材和其他林产品的需要，同时，还要从事森林培育，以更广泛地利用森林各种有益人类的特性；联合国粮农组织和国际林业研究组织联盟联合编写的《林业科技辞典》的林业定义包涵3层含义：一是指林业是一种职业，从事于森林的营造、保护以实现森林资源、林产品和其他效益的永续利用。二是指林木的培育或对林地内固有资源的有效开发利用。三是为了人类的利益，对林地上和与之有关的天然资源进行经营利用的科学、技术和实践。《大不列颠百科全书》定义的林业是经营林地及有关的荒地和水地，为人类谋利益的事业。主要目标通常是木材永续利用，但是有关土壤、水和野生动物资源保护及游憩相关的活动的重要性在日益增强。

在人类历史上，人们对林业的认识是伴随着对森林的利用不断发展的，它大致经历了五个阶段：

(1)森林原始利用阶段。这个阶段大致从原始社会到农业社会前期。

由于生产力水平很低，人类对森林的干预仅限于最原始的利用，如采集、狩猎等。在这一阶段，人类与森林和谐共处。

(2)木材过度利用阶段。这个阶段大致从农业社会中期至工业社会初期。在这个时期，生产力的发展加快了人口增长及对粮食和定居的需求，大面积森林转化为农地和居住地。在农业社会向工业社会的转化过程中，社会对木材产品和能源的需求急剧上升，大量森林被掠夺开发并作为原始资本积累的最佳源泉。不断发生的战争也是这一阶段破坏森林资源的重要因素。这一时期，森林覆盖率迅速降低，林地衰退，森林资源的数量和质量急剧下降。

(3)森林资源恢复阶段。由于森林资源的过度利用，一些国家出现了资源危机或者说是木材危机，他们以立法的形式加强了对森林的控制管理，并以各种方式恢复和发展森林资源。这一阶段从工业化初期一直延续到20世纪中叶，呈现边治理边破坏的特征。

(4)森林多功能利用阶段。20世纪50年代，随着对森林功能的深入认识，林业发展进入森林多功能利用阶段，也称之为森林的多目标经营阶段。森林生产木材和林产品的功能称为森林的经济效益，水土保持、水资源涵养等功能称之为森林的生态效益，增加就业以及为人们提供游憩娱乐等功能称之为森林的社会效益。由于森林生态效益的外部性，私有林主在追求森林经济效益最大化的过程中一般在森林经营时会忽视生态效益，因此，在森林多功能的利用阶段初期主要集中于国有林中。

(5)林业可持续发展阶段。森林多功能利用阶段，将森林经营的内涵扩大到了生态建设和社会经济协调发展方面，但是各国在具体执行上存在较大的差异。直到1992年在巴西里约热内卢召开的联合国环境与发展大会的讨论主题及在会上通过的《关于森林问题的原则声明》等一系列文件，对于世界各国的林业发展战略产生了划时代的影响。这次会议标志着国际林业进入了可持续发展阶段，森林可持续经营理论正式形成。林业不再是被视为一个狭窄封闭的追求自我调节平衡的产业，而是融入了全球人口、环境与发展格局中，成为一项具有举足轻重地位和广泛影响的事业。为了寻求林业可持续发展的模式，各个国家和地区在20世纪90年代进行了围绕森林可持续经营为主题的一系列林业经营改革的探索，制定了关于国际性以及许多区域性森林可持续经营的标准与指标，推动了全球林业的可持续发展。

2.4.2 林业科技进步

林业科学技术是人类经验和智慧的结晶，它除了包括科技本身的进步外，还体现出林业的特征。也就是在林业生产过程中，为增加林产品数量和提高林产品质量而应用的凝结在林业生产力诸要素中的各种知识和技能的总和；林业科技进步是指人们应用林业科技去实现一定目标方面所取得的进展，是一个不断地把新技术、新知识推广应用到林业生产要素中，重新组合生产要素，建立效能更优、效率更高、生产费用更低的生产科技新体系，提高林业的经济、生态、社会效益，促进林业科技水平不断递进和林业有效增长的过程。

具有革命性质的世界林业科技进步始于18世纪，即产业革命以后。但是从总体上看，世界林业科技发展的水平滞后于农业和工业部门，我国林业科技又滞后于世界林业科技发达国家的发展。

现代林业科学技术已向深度和广度两个方面发展，并充分借鉴和应用其他相关领域的高新技术和方法，逐步形成了林业本身的科学和技术体系。现代林业科技，已由过去传统的森林经营学、造林学、森林保护学等，逐步发展、扩充到与资源保护利用、环境科学、全球变化等的研究紧密联系和融合。同时，由于现代林业科学技术的重大作用，以现代育种技术和集约经营技术为主导的人工林技术的创新与突破，包括日趋成熟的林木育种基因定位、标记和转移技术，建立在航天航空技术基础上的卫星遥感（RS）、全球定位系统（GPS）和地理信息系统（GIS）技术群，森林生态资源网络化体系监测技术以及林业辐照技术和新材料技术等高新技术进入林业生产活动，不仅进一步拓宽了林业科学技术的领域，大幅度提高林业生产力发展的水平，而且这个以现代生物技术和信息技术集成组合的现代林业科技发展趋势，为实现林业超出常规速度与规模的跨越式发展开辟了广阔的前景，它预示着21世纪林业新科技革命即将到来。

林业科技进步与科技进步是特殊与一般的关系，它除了具有科技进步的各种特征以外，还具有许多与林业相关的自身特点。相应于“科技进步”

有狭义和广义的理解，对“林业科技进步”也有狭义和广义两种理解。狭义的林业科技进步是指与林业生产有关的生产技能、技巧的提高及其应用于生产的过程。如林作物新品种的培育与推广，配合饲料、复合肥料的研制推广，新的栽培方法、施肥技术的推广应用，这些也被称之为“硬林业科技”的进步。

广义的林业科技进步是指除了资金、劳动等经济要素以外，所有能导致生产发展、效益提高、生态改善的方法和手段及其在生产中得以应用的过程。包括技术进化、技术革新、管理水平、决策水平和智力水平等，有时，这些也被称之为“软林业科技”的进步。

事实上，林业硬科技与林业软科技是共同存在和相互交错的。在林业中，硬科技转化成现实生产力要依赖劳动者素质的提高和经营管理、决策水平的提高，反之软科技作用也常常体现在硬科技上。因此，严格地说狭义的林业科技进步是不可能独立存在的，本书更赞成广义的林业科技进步之说。它包括林业科技意识、林业科技能力、林业科技人才和林业科技投入等各个方面的进步。因此，本书测算的林业科技进步贡献率中的“林业科技进步”是广义的概念。

2.4.3 林业科技进步与林业发展

林业科技进步与林业发展的关系，一方面表现为林业发展不断对林业科技提出新的要求，促进林业科技的不断发展和变革；另一方面表现为林业科技进步在创造、应用和推广科技成果的基础上，不断促进经济的发展。

林业科技进步对林业发展除了具有科技进步促进经济发展的共性外，它还有自身独有的特点：

(1)林业科技进步能更新动植物品种，改善其内部机能和产品品质，提高投入产出比；能为林业生产不断提供高质量的生产资料，如化肥、农药、除草剂等；能不断开发新的生产资料和能源，提高资源的生产效率；能改善和提高工艺技术水平，以充分利用资源，提高产品质量，减少生产成本，进而提高经济效益；能提供先进的林用机具及其他技术装备，改善并提高现有的技术装备水平，以提高劳动生产率，扩大生产规模，降低生产成本。

(2)林业科技进步能有效地提高林业劳动者素质，并通过其知识、技能和观念的改变，实现人与人之间、人与机械设备之间、人与自然之间的协调与和谐，从而提高整体生产力水平。

(3)林业科技进步可以改善和提高林业宏观和微观决策管理水平，借鉴其他产业和行业先进的科技，使生产要素发挥出更大的整体效益。减少风险，降低成本，使生产效益得到全面提高。

现代社会发展越来越快，林业的科技进步的速度也在加快。林业科技进步贡献率就是量化地表示了林业科技进步在林业发展中所起的作用和所占的份额。

2.5 指导北京市林业科技进步的几种重要理论和思想

2.5.1 区位理论

林业区位是指在一定的自然地带性、林业地带性和社会经济发展的综合作用下形成的林业区域。早在1826年德国著名农业经济学家约翰·冯·杜能就从地理的角度，从单一运输出发研究了当时德国社会环境中以城市为中心的区域农业生产配置问题，成为区域经济理论的创始者。按照杜能的理论，在城市周围应根据距离城市的远近不同来划分不同的农业类型区，才能保证合理利用土地资源，并使农业经营者处于有利的经营地位。它划分农业区位的依据是：生产地距市场的远近、农产品市场价格和农产品生产成本。一般来说，产地距市场越近，运费越少，在市场价格相同的情况下，距市场近的比距市场远的农业生产有利。按照运费大小和收益等情况来确定某种农业类型的适宜范围，这是杜能农业区位理论的中心思想。杜能的农业区位理论是在交通运输不发达，传统农业技术占主导地位的时代提出来的，虽然从理论上来说，还有不少的缺陷，但其中的一般性理论，对于农林业生产布局的空间布局仍具有重要的理论指导意义。林业和农业在生产上有很多的相似之处，因此，在指导北京林业发展和林业科技发展过程中，要借鉴和运用农林业区位理论的相关知识。

2.5.2 发展极理论

“发展极”的概念是1950年由法国学者佩鲁首先提出来的。他认为，经济增长的势头往往集中在某些大城市中心，这些中心就成为发展极。发展极对国民经济最积极的影响就是它对广大周边地区所发挥的“扩散效应”。中心城市主要凭借其扩散效应来发展自己作为产业中心和市场枢纽的作用。一方面，发展极在向心力的作用下，在主导部门有创新能力的行业周围，吸聚着日益增多的其他相关部门和行业，使得生产要素流动在市场机制作用下更多地流向中心城市。另一方面，发展极在离心力的作用下，还把增长和发展方向通过技术、组织、要素、信息等渠道向其周边地区“扩散”，从而使区域经济通过多层次的发展极在不同的点上带动经济增长，或从一个产业(如工业)向另一个产业(如农业)发生渐进的波及和影响。把发展极理论应用到北京市林业科技发展中，主要是考虑林业高新技术与区域林业经济间的关联效用。

2.5.3 复合生态林业理论

复合生态林业理论的基本内容是：林业生态系统是由林业生物(植物、动物、微生物等)、林业环境与资源(大气、土壤、水域等)和林业技术经济(林业商品交换、林业组织管理、林业科技教育等)3个亚系统组成，形成严格有序的结构，各系统内又有严格的次序、层次构成。如果以复合生态林业作为系统，则其内部亚系统间需协同聚合、协调同步、彼此促进、共同增长，且各子系统具有高度的专业化和密切的协作关系，生态林业系统与其环境才能协调发展。在此基础上，对林业系统进行高度集约化经营，通过系统物质与能量适量、适度循环和转化，充分合理地利用一切自然资源和社会经济资源，包括信息资源和一切废弃物，实现无公害、无污染生产，林业系统就能取得最佳的生物产量和最优的经济效益，提供丰富的、营养充分和安全清洁的食品及其他高产优质的商品；建立清洁、优美、健康发展和高度文明的生态环境；满足人类多种生理、心理和精神的需求。将这一理论运用于北京市林业科技的发展，就是要以促进复合生态林业的发展为核心，通过增加林业科技投入，达到合理利用资源和可持续发展的目标。

2.5.4 系统工程理论

所谓系统工程是指运用系统理论和系统方法，借助运筹学、控制论、信息论和计算机等现代科学技术手段，解决具体系统问题，并使其性能达到最优的设计方法和技术。系统工程将世界视为系统与系统的集合，认为世界的复杂性在于系统的复杂性。研究世界的任何部分，就是研究相应的系统及与环境的关系。它将研究和处理的对象作为一个系统即整体来对待，在研究过程中注意掌握对象的整体性、关联性、等级结构性、动态平衡性及时序性等基本特征。用系统工程来研究问题，不只是认识系统的特点和规律，反映系统的层次、结构、演化，更主要的是调整系统结构，协调各要素关系，使系统达到优化的目的。运用系统工程的原理，就是把北京市林业科技发展看成是一个全方位开放、有效运行的大系统。

2.5.5 技术诱导变革理论

美国学者费农拉坦和日本学者速水雄次郎各自在分析世界相关产业发展的研究中提出了技术诱导变革理论(1985)。他们认为：在一个产业系统中，一定的资源结构可诱导产生相应的体制结构，同时文化结构也对这些结构有着巨大的作用。不同的资源结构，决定了不同的投入要素的相对价格；不同的投入要素的相对价格，决定了社会及生产者对不同技术的偏好和选择，对技术的不同选择最终导致了技术结构的不同类型及其变革。因此，一种技术结构的形成和创新必须适应当地的资源条件，由于技术结构与体制结构之间存在密切关系，在变革技术结构时不仅要考虑资源结构的影响，还要考虑体制结构的制约，如果忽视体制结构的约束，技术结构就难以建立或创新。技术诱导变革理论是在完全市场经济的前提下提出来的，因此，提高北京市林业科技进步水平要大胆地引入市场机制。

2.5.6 高新技术改造传统林业的理论

中国农科院农业经济研究所蒋和平教授(1995)曾经系统阐述了高新技术改造传统农林业的理论。他紧密地联系我国农林业发展实际，从技术创新、技术传递、技术需求和技术转化四个方面，研究高新技术改造传统农林业的基本规律，揭示了运用高新技术改造传统农林业的实质和核心。运用高新技术改造传统农林业，就是使高新技术向传统农林业的产前、产中、产后阶段迅速地渗透和扩散，使高新技术不断地渗透到传统农林业领域的产前、产中、产后的关联产业，从而造成农林业产业链条的不断延伸，农林业科技产业不断出现，农林业关联产业不断扩大，形成和构建一个全新的现代农林业产业链系统。同样，在北京市林业科技发展过程中应该充分运用此理论成果。

第3章

北京市林业科技概况

3.1 北京市林业科技取得的成就

新中国成立以来，特别是改革开放以来，北京市林业建设取得了举世瞩目的成就。根据第七次全国森林资源清查资料，全市林地面积101.46万hm^2，森林面积52.05万hm^2，森林覆盖率达到31.72%，活立木总蓄积量为1291.29万m^3，森林蓄积量1038.58万m^3。在北京市林业发展中，北京市林业科技工作认真贯彻“经济建设必需依靠科学技术，科学技术工作必需面向经济建设”、“攀登科学技术高峰”和“创新、产业化”的基本方针，林业科技对林业发展起到了重要的推动、先导和支撑作用。北京市林业科技取得的成绩主要表现在以下几个方面：

(1)深入开展林业科学研究和开发，提高了林业整体技术水平。北京市林业科技的研究与开发，包括良种选育技术、营造林技术、防护林工程技术、沙荒地治理技术研究与示范、果树经济林集约栽培技术、森林病虫害综合防治技术、森林生态系统恢复与重建研究等方面，取得明显成效。

(2)加大科技推广工作力度，科技产业初具雏形。2009年度，北京市园林绿化局实施了35项与林业产业相关的科技项目，有力推动了林业产业发展。

(3)科技合作与交流取得进展，较好发挥了首都科技优势。市林业系统与中国林科院、北京林业大学等十几家单位建立了广泛的科技合作关系，取得了较好成绩。

(4)林业科技推广服务体系逐渐建成。经过几十年的努力，到“十一五”期末，北京市已基本建立起市、县、乡三级林业科技推广体系。

3.2 北京市林业科技存在的问题

北京市林业科技虽然取得了巨大的成就，但还存在一些不可忽视的问题：

(1)北京市林业科技的发展现在还不能完成新世纪首都赋予林业发展的历史重任。当前，首都社会经济发展对生态改善的要求越来越高，生态需求将成为社会对林业的主导需求，这是首都林业面临的最主要、最紧迫的任务。据此，北京林业发展战略将发生重大调整：即从主要是传统的产业型向现代的社会公益型转变；从经济效益为主向生态、社会、经济三大效益兼顾，生态效益优先转变。党中央、国务院和市委、市政府把造林绿化、改善生态环境作为实现经济社会可持续发展的根本措施，给予高度重视。全面提高首都生态建设水平，改善城市环境质量，把北京建成“空气清新，环境优美，生态良好”的国际化大都市，率先在全国基本实现首都林业现代化，是新世纪首都赋予林业发展的历史重任。这些对北京市林业科技提出更高的要求，北京市目前林业科技现状还远达不到这些要求。

(2)林业科技与生产的结合有待进一步加强。科学研究跟不上林业生产发展的需求，高新技术研究及其应用滞后。在造林绿化良种使用、重点工程标准化程度、森林培育管护的现代技术含量等方面有待提高。在林、果、花、蜂、森林旅游产业化建设等方面，先进实用技术储备不足，缺乏规模生产、精深加工、现代管理等方面的技术和先进装备。在提高造林成果、提高现有林分质量技术和管理水平等方面仍存在一些亟待解决的技术难题。

(3)林业科技意识淡薄。所谓科技意识是指人们对于客观物质世界的反映，是感觉、思维等各种心理过程的总和，也可以说是人们对科技的认识程度、思维方式、观念转变和科学素养的总和。科技意识在经济社会发展中具有独特的重要作用。在科学技术飞速发展的今天，一个国家科技意识的高低强弱，从根本上决定着这个国家生产力和文化的发展水平，决定着这个民族的创新能力。但是目前北京市林业基层单位和广大林农，对科学技术的重要性认识不足，依靠科技促进生产、提高效益的意识不强，导致粗放、低效、高耗的生产经营方式仍没有得到根本转变。

(4)科技投入不足。本书通过实地的调研发现，大部分的林业工程从工程中提取3%的科研资金没有落实。由于林业科技投入不足，导致科技基础设施差，科技能力建设薄弱，严重制约林业科技工作的发展。

3.3 北京市林业科技与产业发展

在人类生产发展的历史上，产业并不是一开始就存在的，而是在生产发展的过程中，在社会分工发展的基础上逐步形成和发展起来的，它是分工协作发展的结果。一切分工都是社会生产力发展的结果，而分工的发展又促进了社会生产力的提高和新产业部门的形成。随着社会生产力的发展，人类社会已经发生了三次大规模的社会分工：原始社会畜牧业和农业的分工；原始社会瓦解时期工业和农业的分工；奴隶社会商业活动和生产活动的分工以及体力劳动和脑力劳动的分工对立。

现代经济理论一般将一国经济活动分为第一、第二、第三次产业，而产业之间的关系结构即为产业结构。产业结构的基本内涵主要包括三个方面：一是指各产业间的投入和产出比例关系(构成产业结构量的方面)：二是指各产业间的关联方式(构成产业结构质的方面)：三是指产业内部的结构。产业内部结构一般表现为如下几个方面：投资结构、产量结构、产品结构、劳动力结构、企业规模结构或产业集中度等。产业结构的变化应朝着合理化、高度化的方向变化。衡量产业结构变化的指标通常有两个：一个为总产值的部门构成，一个是劳动力的部门构成。随着科技的不断进步，第一产业在国内生产总值中所占份额以及劳动力占总劳动力的份额呈下降趋势，第二产业的国内生产总值和劳动力占总国内生产总值和总劳动力的份额分别呈不断的上升趋势。随着国民经济的进一步发展，总产值构成中的第二产业比重将呈下降趋势，劳动力比重也呈下降趋势，第三产业占总产值的份额和劳动力份额将呈明显的上升趋势。随着科技进步，旧的产业逐渐淘汰，新的产业渐渐兴起，即使是原有的产业，其内涵也发生了深刻的变化。

例如以笔者调研的平谷县为例，随着科技进步以及科技成果的应用，几年来，该县利用了爆破改土技术，燕山滴灌技术、果粮间作技术、板栗化学疏雄技术、生根粉应用技术、果实套袋技术等20多项科技成果，并先后攻克了桃芽坏死病、大桃裂口病、桃流胶病、核桃黑、桃潜叶蛾等严重影响果品生产发展的难题，每年可为全县果农增收数千万元。如今，全县17个乡(镇)有13个成为果品专业乡(镇)，275个村中有168个村以果品生产为基础产业。通过科技在当地应用和发展，当地的产业结构得到了调整，人民收入得到了较大的提高。

在发达的市场经济中，大部分的产业结构是由市场机制来调整的。产业结构调整的实质是资源的配置问题。在一定时间内，社会资源不仅在各个产业、地区、企业内进行配置，同时在产业、地区、企业之间流动及重组以进行再次配置。社会资源的一次配置决定该时期内的产业结构，而资源的再次流动重组配置则形成新的产业结构。但是，目前我国社会体制还没有完善，而林业又是一个具有公益性质的产业，通过市场机制来调整产业结构会出现“市场失灵”，因此北京市林业科技的发展要求由政府来参与，实现资源在产业、地区、部门之间的重新配置，进而实现相关产业结构的调整和优化。

3.4 北京市林业科技与区域发展

最初的宏观经济增长和发展理论没有考虑区域空间的因素。但是由于空间配置的不同，经济发展的过程、结果及其原因也会极大的不同。从20世纪50年代开始，区域经济增长理论逐渐引起人们的注意，并且在均衡增长与不均衡增长的争论中获得发展。

以均衡概念为基础的新古典区域增长模型曾经长期在区域增长分析中占有统治地位，作为一般经济增长理论的延伸，其基本假定是：完全竞争、充分就业；科技进步、规模收益不变，要素在空间自由流动且不支付成本、生产要素仅为资本和劳动。在上述假定下，给定一个不均衡状态的区域经济，只存在完全的竞争市场，仅依靠市场即可实现区域的共同增长。但是，在现实的经济社会中，要完全达到上述假定的情况非常罕见，因此非均衡增长理论越来越受到经济学家和社会学家的关注。

1955年，法国经济学家弗朗索瓦·佩鲁在《略论“发展极”的概念》中提出了非均衡增长观点的增长极理论。该理论的核心是：在高度工业化社会条件下的经济增长的空间分布是不均匀，某些主导部门或具有创新能力的企业或行业集聚在某些地区或大城市，形成资本与科技的高度集中，以较快的速度率先发展，形成该区域的“增长极”，由于增长极的存在，从而形成了资本和科技的高度集中，以及增长迅速并且有显著经济效益的经济发展机制，并对邻近地区经济发展有着强大的辐射作用。

北京是我国的首都，位于环渤海经济圈，由于中央在京科技资源和科技投入的优势，北京的科技实力一直位于全国的前列，科技进步水平稳居全国第一，北京应该在全国起到“增长极”作用。

区域科技与区域经济的发展密切相关，区域科技通过知识资产和科技能力的积累和建设，为区域的繁荣发展提供驱动力，并提高区域的科技创新能力。它包含了针对区域的各种需求，通过灵活而及时的针对性服务，提高和改善区域内居民的生活质量。北京市林业科技进步一方面是区域经济、文化的发展历史与现状的反应，另一方面，北京市科技进步已经成为区域经济发展的动力，是区域内居民生活水平提高的保证。因此，要使北京地区经济得到健康、快速和持续的发展，一定要发挥林业科技的作用。

3.5　新阶段北京林业对科技的需求

3.5.1　率先基本实现现代化对林业科技的需求

对生态环境进行广泛、创新、综合性的建设，是评价首都北京社会进步的重要标准。良好的生态环境和优美的人居环境，是北京在21世纪实施可持续发展的重要政策和基本目标。随着北京经济的发展、社会的进步和人民生活水平的提高，社会对加快林业发展、改善生态状况的要求越来越迫切，林业在经济社会发展中的地位和作用越来越突出，对林业科技的需求越来越大。坚持以人为本，牢固树立和认真落实全面、协调、可持续的科学发展观，统筹城乡发展，努力在全面建设小康社会的基础上，率先基本实现现代化，是北京社会经济发展的必然结果，这对北京市林业科技发展提出了更高的要求。从总体看，北京林业科技应在我国起到“龙头”作用，即在林业科技的发展和应用上，要走在全国的前列，起到带头和示范作用。

3.5.2 建设一流的国际生态城市对林业科技的需求

生态型城市思想起源于中国古代风水理论与技术，蕴涵着丰富的生态理念，是古人融合对人与自然的崇拜，探寻安居乐业理想城市模式的重要方法，对当今生态型城市理论构建与建设实践仍具有重要意义。19 世纪英国社会学家霍华德提出了“田园城市”理论，之后西方生态型城市构想才逐步产生。1971 年，联合国教科文组织提出了“关于人类聚居地的生态综合研究”，“生态城市”概念由此产生。这一崭新的城市概念和发展模式一经提出，就受到全球的广泛关注。到 20 世纪后期，“生态城市”已经被公认为是 21 世纪城市建设基本模式。1999 年 10 月，美国世界观察研究所在其题为《为人类和地球彻底改造城市》的调查报告中指出，无论是工业化国家还是发展中国家，都必须将规划本国城市放在长期协调发展战略的地位，而其大方向只能选择走生态化的道路。国外生态学家曾将生态城市概括为：生态城市追求人类与自然的健康与活力。国内生态学者及城市规划专家一致认为：生态城市是全球或区域生态系统中分享其公平承载能力份额的可持续子系统，它是基于生态学原理建立的自然和谐、社会公平和经济高效的复合系统，更是具有自身人文特色的自然与人工协调、人与人之间和谐的理想人居环境。

发达的林业和林业科技是建设现代化国际大都市的重要标志。建设一流的生态城市，就是要实现城市与自然环境的协调和配合，利用自然地域空间的城市形态，加强园林绿地系统规划建设力度；把握城市合理规模与环境质量的集聚度，重构再生循环利用的产业结构，积极推广绿色运动。

3.5.3 增加农民收入，发展农村经济对林业科技的需求

增加农民收入，仍是当前北京经济发展中的一个突出问题。林业在增加农民收入中具有很大的发展潜力。林业可以提供多种林产品，通过发展林业，可以促进农村的经济发展，增加农民的收入。据统计，近年来北京

农民的收入30%来自林业，全市果树、花卉、蜂业、森林旅游等都进入了一个新的快速发展阶段。从总体看，森林资源优势正变成农村发展的经济优势，林业产业正成为农村经济发展的又一支柱产业，是新时期农民增加收入的选择，但是目前北京市林业发展的深度和广度还远远不够，其中林业科技的限制性原因非常明显。

3.5.4 建设生态文明对林业科技的需求

生态文明是可持续发展的重要标志，是先进文化的重要形式，是物质生产和精神生产发展的必然结果。用生态文明来指导林业建设，是林业发展理论和实践上的突破。林业建设的首要任务是为国家提供优美的生态环境、推动国民经济的发展。西方发达国家走过了一条"先破坏，后恢复"、"先污染，后治理"的发展道路，不仅牺牲了本国人民的利益，而且对全世界特别是发展中国家的资源造成严重破坏，其教训是深刻的。因此，必须建立与生态文明相协调的机制。生态文明是促进先进生产力发展的必然要求。建立生态文明，提高林业生产力和效率，离不开科技的支撑。这包括：一是建立和完善生态环境与经济发展的综合决策机制；二是为保护生态环境、节约森林资源提供科技支持；三是向人民提供在优美环境中生活，促进身心健康，心情舒畅的相关技术，如充分发挥森林生态系统、城市生态系统、湿地生态系统的功能等。只有将生态文明融入林业建设，才能进一步拓展林业和林业科技的发展空间。

第4章

林业科技进步贡献测算方法的研究

4.1 林业科技进步贡献率的测算方法

4.1.1 几种常用的测算模型

4.1.1.1 柯布—道格拉斯生产函数

柯布—道格拉斯生产函数也称 C—D 生产函数，它是美国芝加哥大学经济学教授道格拉斯与数学家柯布合作，在对美国制造业 1899～1922 年的历史资料进行深入分析的基础上，得出的模型。其公式是：

$$y = A \cdot K^{\alpha} \cdot L^{1-\alpha} \tag{4-1}$$

式中，y 为产量；K 为资本投入量；L 为劳动投入量；A 是一个常数，代表厂商的技术水平；α 是固定参数，且满足 $0<\alpha<1$。

柯布—道格拉斯生产函数首次精确地将经济数学方法与模型引入生产活动分析，使得经济学家能从抽象的纯理论研究转向实证分析，为这一研究领域的进一步发展奠定了基础。但此函数仅能在某一恒定的技术水平下，描述产出与投入的关系，无法定量分析技术进步的作用，使其应用受到很大限制。

1942 年，首届诺贝尔经济学奖获得者丁伯根对 C—D 生产函数作了重大改进。他将上式中的常数 A 换成一个随时间变化的量 A_t，即：

$$y = A_t \cdot K^{\alpha} \cdot L^{\beta} \tag{4-2}$$

式中，A_t代表了某一时期的技术水平；y，K 和 L 也是时间 t 的函数。这样只要用某种方法求出 α 和 β，便可以求出技术水平 A_t：

$$A_t = y/(K^{\alpha} \cdot L^{\beta}) \tag{4-3}$$

通过求偏导数得：$\alpha = \frac{\partial Y}{\partial K} \cdot \frac{K}{Y}$；$\beta = \frac{\partial Y}{\partial L} \cdot \frac{L}{Y}$。

并且把 A_t 写成指数形式：

$$At = A_0 e^{rt} \tag{4-4}$$

式中，A_0 为常数表明基期的技术水平；γ 为技术进步系数，也是常数。当 A_t、A_0 已知时，可以求出相应的 t 时期技术进步系数 γ。式(4-2)、(4-4)就是我们如今常用的柯布—道格拉斯生产函数。

4.1.1.2 索洛余值法

索洛余值法也是建立在生产函数基础上的，只是没有对生产函数的具体形式做出假设，其函数形式为：

$$Y = f(K,\ L,\ t) \tag{4-5}$$

然后两边同时对 t 求导数，可得：

$$\frac{\dot{Y}}{Y} = \frac{\dot{A}}{A} + \alpha \frac{\dot{K}}{K} + \beta \frac{\dot{L}}{L} \tag{4-6}$$

其中，“·”表示对时间的导数。

然后以差分法近似代替微分：

$$\frac{\Delta A}{A} = \frac{\Delta Y}{Y} - \alpha \frac{\Delta K}{K} - \beta \frac{\Delta L}{L} \tag{4-7}$$

利用(4-7)式，Y、K、L 可以根据历史统计资料计算得到，再用适当方法确定 α 和 β 后，技术进步速度 a 便可以作为余值计算得出。此方法对后来经济学研究和社会发展做出了突出贡献，索洛也因此获得 1987 年度诺贝尔经济学奖。

C—D 生产函数和索洛余值法的优点在于，把复杂的经济问题高度概括并简化处理，使经济关系更加简单明了，所需数据易于收集，易于推广和比较。另外，余值法计算出来的科技进步与广义的科技进步在内涵上非常吻合，包括提高装备技术水平、改革工艺、提高劳动者的素质、提高管理决策水平等，从而能为提高管理水平提供有用的依据。所以，此方法自问世以来，纷纷被世界各国经济学家所采用，也受到了各国政府部门的高度重视。

4.1.1.3 连续替代弹性函数(CES 函数)

CES 生产函数是 1961 年阿罗与索洛·钱纳里、米汉斯等人合作，在假定人均产出(Y/L)与工资(W)满足如下条件：$W=A(Y/L)$，规模收益不变，且投入要素和产品处于完全竞争的市场之中，从而推导出投入量与产出之间关系的具有不变替代弹性的生产函数，简称CES(Constant Elasticity of Substitution)生产函数。其基本形式为：

$$Y=At\left(\alpha K^{-\rho}+\beta L^{-\rho}\right)^{-\frac{m}{\rho}} \tag{4-8}$$

式中，Y为总产出；K为资本投入；L为劳动投入；A_t为技术水平因子；α为资本分配率，β为劳动分配率，$\alpha+\beta=1$；ρ为替代参数，其替代弹性$\sigma=1/(1+\rho)$；m为阶次参数，表示规模收益。

若把A_t写成指数形式，上式变为：

$$Y=A_0e^{rt}\left(\alpha K^{-\rho}+\beta L^{-\rho}\right)^{-\frac{m}{\rho}} \tag{4-9}$$

式中，r为技术进步系数；t为时间。上式是动态的CES生产函数。式中有五个待估计的参数：A_0，r，ρ，m，$\alpha(\beta=1-\alpha)$，只要能通过适当的方法计算出各个参数，则技术进步系数r可知，技术水平A_t也可算出，技术进步的作用也相应能够分析得到。

虽然CES生产函数的数学形式更加完美，但由于参数的估计方法都比较复杂，估计结果往往出现许多系统误差，因此，把CES生产函数直接应用于测算科技进步的实例为数不多，主要是用于进行理论性探讨方面。

4.1.1.4 超越对数生产函数

超越对数生产函数是1973年克里斯汀森、乔金森和莱恩提出的。这一函数不仅考虑了时间因素，还将投入要素细分。其一般形式为：

$$\ln Y=\ln F(x_1, x_2, x_3, \cdots x_n, t) \tag{4-10}$$

这一模型写成具体形式为：

$$\ln Y = a_0 + a_1 t + (a_2 t^2)/2 + \sum_{i=1}^{n}(b_{0i}+b_{1i}t)\ln x_i(t) + \frac{1}{2}\sum_{i=1}^{n}\sum_{j=1}^{n}C_{ij}\ln x_i(t)\ln x_j(t)\ (i=1, 2, \cdots, n) \tag{4-11}$$

其中，Y为总产出；x_i为各项投入；a_0、a_1、a_2、b_{0i}、b_{1i}、C_{ij}均为参数；交叉项$\ln x_i(t)$、$\ln x_j(t)$反映了要素之间的替代性。

超越对数生产函数比柯布一道格拉斯生产函数、CES生产函数更具有普遍性，比丹尼森的增长因素分析法更精确，但这一模型的参数估计更复杂，故实际应用较少。

4.1.1.5 新剑桥模型

这是由英国经济学家J·罗宾逊、N·卡尔多等人提出来的。这一模型着重分析收入分配的变动如何影响决定经济增长率的储蓄率，以及收入分配与经济增长之间的关系。新剑桥模型的公式为：

$$G = \frac{S}{C} = \frac{\left(\frac{P}{Y} \cdot S_P + \frac{W}{Y} \cdot S_W\right)}{C} \tag{4-12}$$

式中，C 仍然是资本—产量比率；P/Y 是利润在国民收入中所占的比例，W/Y 是工资在国民收入中所占的比例，国民收入分为利润与工资两部分，所以 $P/Y + W/Y = 1$；S_p是利润收入者的储蓄倾向（即储蓄在利润中所占的比例）；S_W是工资收入者的储蓄倾向（即储蓄在工资中所占的比例）。根据假设，利润收入者的储蓄倾向大于工资收入者的储蓄倾向，即 $S_p > S_W$，而且 S_p与 S_W都是既定的。

在资本—产量比率不变的情况下，增长率取决于储蓄率，储蓄率越高则增长率越高，而要提高储蓄率，就要改变国民收入的分配，使利润在国民收入中占更大的比例。因此，经济增长是以加剧收入分配的不平等为前提的。经济增长的结果，也必然加剧收入分配的不平等。这是新剑桥模型的重要结论。

新剑桥模型从社会储蓄率的角度探讨了经济长期稳定增长的条件。要使经济按一定的增长率增长下去就必须保持一定的储蓄率，社会储蓄率取决于利润收入者与工资收入者的储蓄倾向，以及他们的收入在国民收入中所占的比率。前者是不变的，因此，要保持一定的储蓄率就必须使国民收入中工资与利润保持一定水平。这个过程也是通过价格调节来实现的。

新剑桥模型更多的是从利润和工资的角度而不是从科技进步的角度考虑经济增长，模型认为：经济要稳定增长，利润和工资在国民收入中要保持一定比率，但这一比率并不是不变的，而是随着经济增长有所变化。

4.1.1.6 全要素生产率法

美国经济学家肯德里克在《美国战后1948～1969年生产率发展趋势》、《理解生产率：生产率变动的动态学导论》等著作中对美国不同时期生产率的发展趋势进行了研究，以确定生产率提高对经济增长的重要作用。

肯德里克所使用的是全要素生产率的概念。他认为，产量和某一种特定生产要素投入量的比率是部分生产率，例如，资本生产率或劳动生产率。产量和全部生产要素投入量的比率是全要素生产率。全要素生产率不会受要素投入量结构的变化等因素的影响，能反映出生产率提高在经济增长中的作用。

以 T_t 代表 t 年全要素生产率，则有：

$$T_t = \frac{Q_t}{w_0 L_t + i_0 K_t} \tag{4-13}$$

式中，Q_t 代表 t 年的总产量(或产值)，L_t 与 K_t 分别为 t 年劳动与资本的投入量，w_0 与 i_0 为基期年的劳动实际小时工资率与资本实际小时报酬率(包括利息、地租和利润在内)。

如果用指数形式(即用 t 年的各项数值对基期年的各项数值的比率)来表示，则这一指数为：

$$\frac{T_t}{T_0} = \frac{Q_t/Q_0}{a(L_t/L_0) + b(K_t/K_0)} \tag{4-14}$$

其中 $a = w_0L_0/Q_0, b = i_0K_0/Q_0$，分别表示劳动与资本在基期年产量中的份额。

肯德里克还分析了影响全要素生产率的因素。他认为，这些因素是相当复杂的，主要有无形投资(研究、教育等的投资)、资源配置的合理化、技术革新的扩散、生产规模的变动等。但肯德里克并没有对这些因素的具体作用大小作出分析。这一工作是由另一名美国经济学家丹尼森进行的。

4.1.1.7 增长因素分析法

丹尼森在《为什么增长率不同》、《1929～1969 年美国经济增长的核算》等书中对影响经济增长的因素进行定量分析。他把这些因素分为七项：

(1)就业人数及其年龄—性别构成；

(2)包括非全日制工作的工人在内的工时数；

(3)就业人员的教育年限；

(4)资本存量的大小；

(5)资源配置，主要指低效率工作使用劳动力比重的减少；

(6)规模经济，以市场的扩大来衡量；

(7)知识进展。

这七项中，前四项属于要素投入量，后三项属于每一单位投入量的生产率，其中有些项还进行了细分。丹尼森对1929～1969年资料分析的结果见表4-1。

表4-1 1929～1969年美国经济增长因素分析表

Tab. 4-1 Analysis of American Economic Growth Factors from 1929 to 1969

增长因素	增长率(%)	占总增长率的比例(%)
国民收入	3.33	100
总投入量	1.81	54.4
劳动	1.31	39.3
就业	1.08	32.4
工时	-0.22	-6.6
年龄—性别构成	-0.05	1.5
教育	0.41	12.3
未分解的劳动	0.09	2.7
资本	0.50	15.0
存货	0.09	2.7
非住宅性建筑和设备	0.20	6.0
住宅	0.19	5.7
国际资产	0.02	0.6
土地	0.00	0.0
单位投入量的产出量	1.52	45.5
知识进展	0.92	27.6
改善的资源分配	0.29	8.7
农场	0.25	7.5
非农场独立经营者	0.04	1.2
住宅居住率	0.01	0.3
规模经济	0.36	10.8
非正常因素	-0.06	-1.8
农业气候	0.00	0.0
劳资争议	0.00	0.0
需求强度	-0.06	-1.8

（来源于《西方经济学教程》，中国统计出版社，1997）

丹尼森的“知识进展”的概念与技术进步含义非常相似，但知识进展包括规模经济。这一更加细致的分类，为后人研究如何准确地测算科技进步对经济增长的作用，提出了又一种思路。但这种方法考虑因素较多，为实际测算带来诸多不便。

4.1.1.8 数据包络分析法

数据包络分析法(Data Envelopment Analysis，简记 DEA)是著名的美国运筹学家查恩斯、库伯和其学生罗兹(1978)提出的。模型首先假设有 n 个决策单元，每个决策单元都有 m 种输入，s 种输出：

$$
\begin{array}{ccc}
\text{DMU}_1 & \text{DMU}_2 & \cdots\cdots\ \text{DMU}_n
\end{array}
$$

$$
\begin{array}{ccc}
v_1 & 1 & \rightarrow \\
v_2 & 2 & \rightarrow \\
\vdots & \vdots & \rightarrow \\
v_m & m & \rightarrow
\end{array}
\boxed{\begin{array}{cccc}
x_{11} & x_{12} & \cdots & x_{1n} \\
x_{21} & x_{22} & \cdots & x_{2n} \\
\vdots & \vdots & & \vdots \\
x_{m1} & x_{m2} & \cdots & x_{mn}
\end{array}}
$$

$$
\boxed{\begin{array}{cccc}
y_{11} & y_{12} & \cdots & y_{1n} \\
y_{21} & y_{22} & \cdots & y_{2n} \\
\vdots & \vdots & & \vdots \\
y_{m1} & y_{m2} & \cdots & y_{mn}
\end{array}}
\begin{array}{ccc}
\rightarrow & 1 & u_1 \\
\rightarrow & 2 & u_2 \\
 & \vdots & \vdots \\
\rightarrow & m & u_m
\end{array}
$$

其中 x_{ij}为 j 个 DMU 第 i 种输入的投入量，y_{ij}为第 j 个 DMU 第 r 种输出的产出量，v_i为 i 种输入的“权”，u_r为第 r 种输出的“权”，而且 $x_{ij}>0$，$y_{ij}>0$，$u_r \geqslant 0$，$v_i \geqslant 0$，$i=1, 2, \cdots, m$；$r=1, 2, \cdots, s$；$j=1, 2, \cdots, n$。

记 $X_j=(x_{1j}, x_{2j}, \cdots, x_{mj})^T$，$Yj=(y_{1j}, y_{2j}, \cdots, y_{sj})^T$，$j=1, 2, \cdots, n$。可用$(X_j, Y_j)$表示第 j 个 DMU。

对应于“权”系数 $v=(v_1, v_2 \cdots, v_m)^T$，$u=(u_1, u_2, \cdots, u_m)^T$，每个 DMU 都有相应的效率评价指标：

$$
h_j = \frac{u^T Y_j}{v^T X_j}, j = 1, 2, \cdots, n \tag{4-15}
$$

总可以适当选择“权”系数 v 和 u，使其满足 $h_j \leqslant 1$，$j=1, 2, \cdots, n$。

对第 j_0 个 DMU 进行评价，简记 DMU_{j0} 为 DMU_0、(X_{j0}, Y_{j0})为(X_0, Y_0)，h_{j0}为 h_0，$1 \leqslant j_0 \leqslant n$，在各 DMU 的效率评价指标均不超过 1 的情况下选择“权”系数 u 及 v，使 h_0最大，于是构成如下的最优化模型：

$$(\bar{P}) = \begin{cases} \text{Max}h_0 = \dfrac{u^T Y_0}{v^T X_0} \\ s.t.\ h = \dfrac{u^T Y_j}{v^T X_j} \leqslant 1, j = 1,2,\cdots,n \\ v \geqslant \bar{P}_0, u \geqslant \bar{P}_0 \end{cases} \tag{4-16}$$

利用 Charnes-Cooper 变换，可将$(\bar{P})$化为一个等价的线性规划问题，令：

$$t = \frac{1}{v^T X_0},\ \omega = tv,\ \mu = tu \tag{4-17}$$

则原式转化为：

$$(\bar{P}) = \begin{cases} \text{Max}\mu^T Y_0 \\ s.t.\ \omega^T X_j - \mu^T Y_j \geqslant 0,\ j = 1,\ 2,\ \cdots,\ n \\ \omega^T X_0 = 1 \\ \omega \geqslant 0,\ \mu \geqslant 0 \end{cases} \tag{4-18}$$

线性规划$(\bar{P})$的对偶问题为(加入松弛变量)：

$$(D) = \begin{cases} \text{Min}\theta \\ s.t.\ \sum_{j=1}^{n} X_j \lambda_j + s^- = \theta X_0 \\ \sum_{j=1}^{n} Y_j \lambda_j - s^+ = Y_0 \\ \lambda_j \geqslant 0, j = 1,2,\cdots,n, s^+ \geqslant 0, s^- \geqslant 0 \end{cases} \tag{4-19}$$

DMU_0为弱 DEA 有效的充要条件是规划问题(D)的目标函数值为 1，并且对应于最优解$\lambda^0 = (\lambda_1^0,\ \lambda_2^0,\ \cdots,\ \lambda_n^0)$，$s^{-0}$，$s^{+0}$，$\theta^0$，且满足$s^{-0} = 0$，$s^{+0} = 0$。

用数据包络分析计算林业技术进步贡献率的具体步骤为：

(1)利用数据包络分析(DEA)的 C^2GS^2 模型计算出各评价年份的相对有效性θ_t。

(2)计算各年的技术进步贡献率：

$$E_{A_t}=\left(\frac{\Delta\theta_t}{\theta_{t-1}}\div\frac{\Delta y_t}{y_{t-1}}\right)\times100\% \tag{4-20}$$

式中：t 为评价年份，$t=1$，2，3，…，n；E_{At}为第 t 年技术进步贡献率；θ_t.第 t 年相对效率；$\Delta\theta_t$为第 t 年与上年相比相对效率增量；y_t为 t 年产出；Δy_t为第 t 年与上年相比产出增量。

(3)计算平均技术进步贡献率：

$$E_{A_t}=\frac{\sum_{t=1}^{n}E_{A_t}\cdot\Delta y_t}{\sum_{i=1}^{n}\Delta y_t}\times100\%=\frac{\sum_{t=1}^{n}E_{A_t}\cdot\Delta y_t}{y_n-y_0}\times100\% \tag{4-21}$$

数据包络分析法测算技术进步贡献率的计算量会更大一些，而且需要更多的数据解决很多线性规划问题，这个对统计资料的要求比较高，因此在适用性上不足。

4.1.2　测算模型的建立

如今，柯布—道格拉斯生产函数法与索洛余值法是计算行业科技进步最为流行的方法。但二者相比，索洛余值法更加简单明了，计算比较简便，资料更容易获得，实用性更强，具有更强的现实操作意义。它既可以用于测算，也可以用于预测和决策。因此，本书中科技进步贡献率的测算采用索洛余值法。

对于林业而言，虽然其生产受到土地影响，但由于林业的生产周期长，土地对林业发展的作用非常复杂，而且土地在多年作用中蕴含了林业科技的作用，因此在模型中舍去。这样林业的发展只受到资本、劳力和技术水平的影响。由此得到模型：

$$Y=f\ (K,\ L) \tag{4-22}$$

其中，Y 为总产值；K 为资本投入；L 为劳力投入。

上式对时间求导数，经过求微分，并且用差分近似替代微分即可得：

$$\frac{\Delta A}{A}=\frac{\Delta Y}{Y}-\alpha\frac{\Delta K}{K}-\beta\frac{\Delta L}{L} \tag{4-23}$$

可用更简洁的形式表示为：

$$c = y - \alpha K - \beta L \tag{4-24}$$

式中：c——科技进步年平均增长速度；

y——产出的年环比增长速度；

K——资金的年环比增长速度；

L——劳动者的年平均增长速度；

α——资金的产出弹性系数；

β——劳动的产出弹性系数。

然后得到下面的表达式：

$$E_A = \frac{c}{y} \times 100\% \tag{4-25}$$

式中：E_A 为科技进步对产值增长速度的贡献，即在产值增长速度中科技进步因素所占比重，它是反映科技进步对经济增长作用大小的一项综合指标。

4.2 林业科技进步因子贡献率的测算方法

4.2.1 测算方法的选择

计算出北京市林业科技进步贡献率后，再计算出各因素的权重，在此基础上再计算出林业各科技进步因子的贡献率。计算公式如下：

$$CR_i = FCR \cdot W_i \qquad (i = 1, 2, \cdots, n) \tag{4-26}$$

式中：CR_i表示第 i 个因子贡献率，FCR 是林业科技进步贡献率，W_i是第 i 个因子的权重。

由于林业科技进步贡献率可以通过索洛余值法经过测算得到，要解决的问题是相应因子权重的确定。

4.2.2 权重的确定

指标权重确定方法主要有 Delphi(特尔菲)法、AHP 法、AHP—Delphi 法、把握度—梯度法和最大熵—最大方差法等。本书中评价指标权重确定方法用到的有 AHP—Delphi 法。

特尔菲法是专家会议调查法的一种发展，是很好的一种定性与定量相结合的研究方法，主要分为以下几个步骤：

(1) 确定目标。包括熟悉对象、分析问题、明确要求和目的。

(2)选择预定方案。根据实际不同的问题，在分析、明确要求和目的的基础上，选择相应的预定方案，作为调查的开始。

(3) 收集、整理资料和数据。首先是分析、整理现有的资料和数据，列出还需要的资料和数据，然后深入实际进行调查、访问、搜集，填平补齐所需要的第一手资料。再对资料和和数据进行科学处理、去伪存真，归纳整理。

(4) 专家选择。通过慎重考虑，选择相关领域的若干专家，采用便捷的方式与专家们建立联系，将问题的目的和任务告诉专家并提供所掌握的初步资料。

(5) 咨询专家，并分析结果。用调查表的形式对专家进行咨询，让他们对相关选项进行评判，然后将他们的意见结果进行整理、综合、归纳，计算出均值和方差。然后将分析结果匿名反映至各位专家供他们参考，再进行第二轮征求意见。如此，经过多轮反复论证调查，直到专家的意见逐渐趋向一致。

层次分析法(AHP)是计算各因素的重要程度(权重)的一种很好的方法。它的核心思想是通过“两两比较法”建立“两两判断” 矩阵。“两两比较法”早已存在，但是归纳出科学的完整概念与方法的是T·L·Saaty。

“两两比较法”是每次在n个属性中只对两个属性进行比较，并设定对两个因素的比较结果按表4-2进行数量化。

对于n维向量$x=(x_1, x_2, \cdots, x_n)$，通过决策者两两因素之间重要程度的比较，可得表4-3。

表4-2 1~9标度的含义

Tab. 4-2 Meaning of Measurement from 1 to 9

标度	含义
1	表示两个元素相比，具有相同重要性
3	表示两个元素相比，前者比后者稍重要
5	表示两个元素相比，前者比后者明显重要
7	表示两个元素相比，前者比后者强烈重要
9	表示两个元素相比，前者比后者极端重要
2，4，6，8	表示上述相邻判断的中间值
倒数	若元素 i 与元素 j 重要性之比为 a_{ij}，那么若元素 j 与元素 i 重要性之比为 $a_{ij}=1/a_{ji}$

表4-3 判断矩阵表

Tab. 4-3 Judgment Matrix Table

	x_1	x_2	…	x_n
x_1	a_{11}	a_{12}	…	a_{1n}
x_2	a_{21}	a_{22}	…	a_{2n}
…	…	…	…	…
x_n	a_{n1}	a_{n2}	…	a_{nn}

根据上述对话结果，得到比较矩阵 A：

$$A=[a_{ij}]_{m\times n}$$

A 矩阵具有如下性质：$a_{ij}=1$；$a_{ij}=1/a_{ji}$。

依照上述性质，决策者只要进行 $n(n-1)/2$ 次两两比较即可。然后根据上面的矩阵计算权重：

① 计算 $A=[a_{ij}]_{m\times n}$ 中每行所有元素的几何平均值，得到向量 $M=[m_1,\ m_2,\ \cdots,\ m_n]^T$。

② 对向量 M 做规范化处理，即可得到相对权重向量 $W=[w_1,\ w_2,\ \cdots,\ w_n]^T$。

4.2.3 检 验

4.2.3.1 一致性检验

人们在对复杂问题涉及的因素进行两两比较时，不可能做到判断的完全一致性，总会存在一定的误差。这将导致判断矩阵的特征值和特征向量也带有偏差。这时候就要进行一致性检验。设 A′为带有偏差的判断矩阵，其最大特征值和特征向量设为 λ′和 W′。由此构造一致性检验指标 C. I.：

$$C.I. = (\lambda' - n)/(n-1) \tag{4-27}$$

对于任意的判断矩阵，当 λ′ = n 时，C. I. = 0，则判断矩阵具有完全一致性；C. I. 的值越大，A′的估计偏差也就越大，偏离一致性的程度就越大。

通常判断矩阵的阶数 n 越高，其估计偏差随之增大，一致性也就越差，因此对高阶判断矩阵的检验应适当放宽要求。为此引入随机指标 R. I. 作为修正值，以更合理的随机一致性指标 C. R. 来衡量判断矩阵的一致性。其中：

$$C.R. = C.I. / R.I. \tag{4-28}$$

一般只要 C. R. ≤0. 10，则认为 C. R. 具有满意的一致性，否则必须重新调整 A′中的元素的值，对专家进行新一轮的征询。上式中的 R. I. 的值，要按判断矩阵的阶数从表 4-4 中选取。

表 4-4 随机一致性指标

Tab. 4-4 Random Accordance Index

n	1	2	3	4	5	6	7	8	9	10
R. I.	0	0	0. 58	0. 90	1. 12	1. 24	1. 32	1. 41	1. 45	1. 49

4.2.3.2 方差检验

每个因子权重的确定还要通过方差检验。也就是用方差分析来检验上面的最终结果，只有通过方差检验的结果才能最终被接受。如果不能通过方差分析，则要对专家进行新一轮的咨询，直到通过方差分析为止。具体步骤如下：

(1)首先将专家根据自身最本质的特征进行分组。如分为 L 组，则称有L个水平，分别把它们编号为：A_1，A_2，…，A_L。

(2)因子权重的计算和入表。对每个因子而言，对应专家的分组情况，按照计算出来的每个专家所给判断矩阵的结果(专家咨询值)记入方差分析表中，形式见表4-4。

表4-4 因子方差分析表

Tab. 4-4 Variance Analysis of Factors

水平	A_1	A_2	…	A_L
打分结果	x_{11}	x_{21}	…	X_{L1}
	x_{12}	x_{22}	…	x_{L2}
	…	…	…	…
	x_{1n}	x_{2n}	…	X_{Ln}

(3)方差检验。由于是通过匿名咨询，所以可以假定各个咨询结果都是独立的。因此可以构造统计量F。

对于给定的显著性水平α，由"对应于概率$P(F \geqslant F_\alpha)$及自由度$(k_{1,} k_2)$的F_α数值表"查得F_α的值，若由样本观测值计算得到统计量F的值不大于F_α，则认为专家组的不同情况对总体无显著影响，认为咨询结果满意；若F的值大于F_α，则在显著性水平α下认为专家组的不同情况对总体有显著认识差异，需要进行进一步的咨询。

(4)权重的确定。通过方差检验后，求取均值，即得到因子的权重。

4.3 林业科技进步贡献率影响因子的测算方法

4.3.1 影响因子的筛选

影响因子筛选是根据K. J法、Delphi法、会内会外法。Delphi法是专家匿名填写意见后，进行统计处理，再把结果反馈给咨询专家的多轮协调收集专家意见方法。由于Delphi法的过程繁琐，周期长，耗资多，而会内会外法快速灵活地集中专家意见，因此本书中结合Delphi法使用会内会外法。它的作法基本上同Delphi法，但将专家分作2组，一组是与会专家，先讨论，再填表(注明参加过会议)，另一组是未与会专家，只填表。两组专家的咨询表格分开作统计处理，对处理结果如满意就结束，否则再重复一轮。

用专家咨询表的定量信息和定性信息进行统计分析，如果有 1/3 以上的专家认为某项因子一般或不重要，该指标即被淘汰，此外，对于权重很小的指标，并入相近指标中。经过几轮专家咨询，直到 70% 以上的专家认同，才列入指标体系，形成评价指标。

4.3.2 权重的确定

如 4.2.2 节中影响因子权重确定方法用的是 AHP—Delphi 法。用调查表的形式对专家进行咨询，让他们对相关选项进行打分，然后将他们的意见结果进行整理、综合、归纳，计算出均值和方差。然后将分析结果匿名反映至各位专家供他们参考，再进行第二轮征求意见。如此反复，经过多轮反复论证调查，直到专家的意见逐渐趋向一致。然后也通过层次分析法(AHP)计算各因子的权重。

对于 n 维向量 $x=(x_1, x_2, \cdots, x_n)$，通过决策者两两因素之间重要程度的比较，得到比较矩阵 A：

$$A=[a_{ij}]_{m\times n}$$

然后根据矩阵计算权重：

① 计算 $A=[a_{ij}]_{m\times n}$ 中每行所有元素的几何平均值，得到向量 $M=[m_1, m_2, \cdots, m_n]^T$。

② 对向量 M 做规范化处理，即可得到相对权重向量 $W=[w_1, w_2, \cdots, w_n]^T$。

4.3.3 检 验

4.3.3.1 一致性检验

与 4.2.3.1 小节一样，构造一致性检验指标 C. I. 和随机一致性检验指标 C. R.：

$$C.I.=(\lambda'-n)/(n-1) \tag{4-29}$$

$$C.R.=C.I./R.I. \tag{4-30}$$

当 C. R. ≤0. 10，则认为 C. R. 具有满意的一致性，否则必须重新调整 A′中的元素的值。式(4-30)中的 R. I. 的值，要按判断矩阵的阶数从表 4-5

中选取。

表 4-5　随机一致性指标

Tab. 4-5　Random Accordance Index

N	1	2	3	4	5	6	7	8	9	10
R. I.	0	0	0. 58	0. 90	1. 12	1. 24	1. 32	1. 41	1. 45	1. 49

4. 3. 3. 2　方差检验

同样地要利用方差分析来对影响因子权重的最终结果进行检验，只有通过方差检验的最终结果才能被接受。如果不能通过方差分析，则要进行再一轮的咨询评估，直到通过方差分析为止。具体计算步骤如 4. 2. 3. 2 小节。

第5章

北京市林业科技进步贡献率的测算和分析

5.1 年份的选择

本书测算的科技进步贡献率数值反映的是五年计划期间内的一般水平。用每一年间的增长变化计算的各年际间的科技进步贡献率，容易受一些偶然非科技进步范畴因素的影响，造成年际间测算结果的波动较大，不能有效真实地反映一般的发展趋势，而年均的科技进步贡献率却能相对有效地消除偶然因素的影响，因此，以每个五年计划为时间段的年均科技进步贡献率基本上能反映该时期林业科技进步的一般水平和总体趋势。

此外，1990 年之后，我国社会主义市场制度逐渐建立和完善起来。因此本书中拟确定以北京市 1991 ~ 2009 年林业生产为对象进行实证分析，跨度近 20 年，时间序列涵盖“八五”、“九五”“十五”以及“十一五”部分时期。分析中将时间分为 1991 ~ 2009 年、“八五”、“九五”“十五”以及“十一五”部分时期四个时间段。

5.2 模型参数的选择

如何估计模型中的投入要素的弹性，是衡量科技进步对经济增长作用的关键问题之一，经济学家和数学家们做了大量工作，多方寻找和完善测算的方法。

目前参数估计方法大致分为三类：分配法、比例法；回归法；经验法。

(1)分配法、比例法。分配法、比例法以一定的经济假设为前提，用某一经济上的比例去代替投入要素的产出弹性。这种经济假设是对生产者行为做出的假设：假设完全竞争，假设成本最小或效用最大，相应地用投入要素成本占收入比例来度量投入要素的产出弹性。

(2)经验法。当整个经济或者全部工业的弹性值已经能够确定时，不同行业的弹性值是总的弹性值乘以一个修正系数得出的值。

(3)回归法。回归法采用计量经济学的回归分析方法，根据产出和投入要素的时间序列或利用横截面数据，使用一定的模型形式，用最小二乘法得到最佳拟合，以确定模型的具体关系式。

由于比值法和经验法相对而言具有主观性强、随意性大的缺陷，而回归法能够从数量的角度更为准确地描述出变量之间的关系，并且还可以通过显著性检验和相关系数等方法来进行检验，因此本书采取回归法确定投入要素的弹性系数。

5.3 投入要素指标的度量

对要素度量范围的不同理解，导致不同的度量方法，同时也导致不同的研究结果。例如不同的研究学者出于对资本范围的不同理解，以及统计或资料占有原因，采用差异颇大的数据序列来“表示”资本数据，使得结果出入较大。例如，对1979~1993年间我国资本积累对GDP增长率的贡献，胡永泰(1998)测算得到43.03%~65.54%，而沈坤荣(1997)测算为38.68%。因此，慎重地选择投入量非常重要。

(1)林业总产值：测算科技进步的模型是定量地确定产出量和投入量关系的数学表达式，它说明的是具体劳动过程，即使用价值的创造过程。所以，从理论上讲，应当按实物量来分析产出量。但是，一个复杂的经济系统的各种产出的实物量是很难直接加总的，一般只能以产值的形式来表示。本书按照国家林业局编写的《中国林业统计年鉴》计算方法，林业产值包括第一产业、第二产业、第三产业三个组成部分。为了排除通货膨胀的影响，在计算林业科技进步贡献率时，林业产值采用基年的价格水平。

(2)资本消耗：对于资本投入量范围的确定，对于大多数经济增长的研究学者而言，是一个具有争议的问题。严格说来，应该用资金投入指标。林业资金投入包括固定资产存量和流动资金投入两大部分。二者在生产过程中运转周期和所起作用差别很大。流动资金通过一次生产过程转移其价值，从而进行物质替换；而固定资产一般要经过过若干年才能完成全部的物质更新。如将二者简单归并，并不严谨。考虑到统计资料的兼容性，可用林业生产中的物质费用代替资金投入。所谓"物质费用"，包括生产过程中实际消耗的劳动对象(流动资金的使用)、生产过程中使用的固定资产折旧和维修(固定资金的使用)，已经比较完整地包含了林业资金投入的内容，应当认为在当前我国统计口径下是可行的。

(3)劳力消耗：在用宏观方法研究生产过程时，可以采用劳动者人数来说明劳动的消耗。但是，劳动者人数只说明可能的劳动消耗，它没有反映出劳动年龄、职业以及劳动者工作日长短的差别，也没有反映工时的损失情况。目前，由于一些物质生产部门的劳动者人数往往与实际需要不一致，因此，采用劳动者人数计量劳动量，对计算结果会有一定影响。

5.4 北京市林业产值增长的分析

5.4.1 北京市林业产值增长的历史演变和基本回归分析

本书从三个方面考察北京市林业总产值在1991～2009年间的发展情况：第一，考察其总量变动情况；第二，考察其增长率情况；第三，林业作为国民经济的一个产业，单纯衡量变动其意义受到限制，而与国民经济总产出(衡量指标用历年国内生产总值及其增长率)的变化情况进行对比，则更具实际意义。相关指标计算见表5-1，图5-1。

表5-1 1991～2009年间北京市林业产值及GDP变化情况

Tab 5-1 Forestry Produce Value and GDP in Beijing from 1991 to 2009

年份	林业产值(亿元)	增长率(%)	国民产值(亿元)	增长率(%)	林业产值/GDP(%)
1991	3.869024	/	598.89	/	0.65
1992	5.687372	47	848.7567	41.72	0.67
1993	8.04714	41.49	863.34	1.72	0.93

（续）

年份	林业产值（亿元）	增长率（%）	国民产值（亿元）	增长率（%）	林业产值/GDP(%)
1994	10.9014	35.47	1084.03	25.56	1.01
1995	13.6362	25.09	1476.9	36.24	0.92
1996	12.9758	-4.84	1615.73	9.4	0.8
1997	15.3244	18.1	1810.09	12.03	0.85
1998	16.745	9.27	2011.31	11.12	0.83
1999	24.1933	44.48	2174.46	8.11	1.11
2000	30.3863	25.6	2478.76	13.99	1.23
2001	36.1392	18.93	2845.65	14.8	1.27
2002	46.9127	29.81	3212.71	12.9	1.46
2003	55.2916	17.86	3663.1	14.02	1.51
2004	63.2028	14.31	4283.31	16.93	1.04
2005	44.1105	-30.21	6886.31	60.77	0.63
2006	44.5695	1.04	7870.28	14.29	0.55
2007	61.9221	38.93	9353.32	18.84	0.66
2008	116.052	87.42	11115	18.83	1.04
2009	107.1371	-7.68	12153.03	9.34	0.88

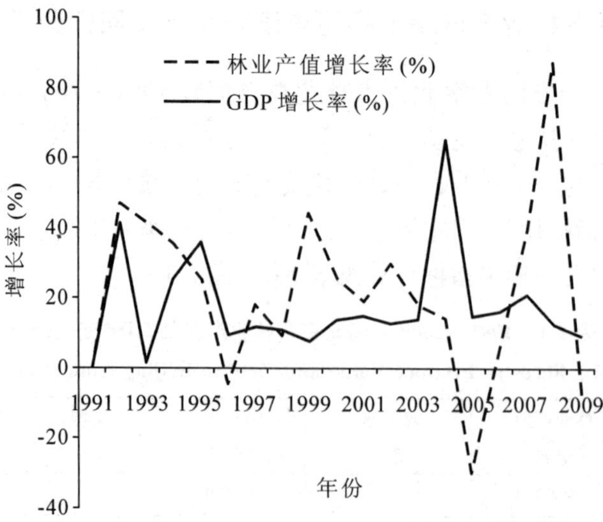

图5-1 1991~2009间北京市林业产值及GDP变化情况

Fig 5-1 Forestry Produce Value and GDP in Beijing from 1991 to 2009

(1)从林业总产值来看，以当年价格计算(即未排除价格因素的影响)，林业经济增长在总量上呈不断增长趋势，林业产值由1991年的38690.24万元增加到2009年的1071371万元，增加了27.69倍，年平均增长率为14.60%。

同期，北京市经济增长在总量上也呈不断增长趋势，GDP由1990年的598.89亿元增加到2009年的12153.03亿元，增加了20.29倍，年平均增长率为10.68%。

按照发展经济学的观点，随着经济的发展，像林业这样以第一产业为主的产业，应该发展速度逐渐放缓。但是由于首都北京的特殊地位，政府和人民群众对北京地区的生态环境非常重视，对林业的发展也非常重视，尤其是随着林业上比较大的工程在北京不断实行，使得林业发展遇到了一个非常好的时期。从发展速度来说，林业的发展快于北京市GDP的增长。从而也使得林业产值占GDP的比重从0.65%上升到0.88%。

此外，还有一个原因就是北京市的林业一直以营林为主，而不是以森工为主，所以没有许多国有林区陷入的“两危”困境，林业一直是以比较快的速度向前发展。

(2)以当年价格计算，从年增长率看，1991~2009年间北京市林业生产出现了负增长，但北京市的国内生产总值仅出现了增长速度变慢，没有出现负增长。而且林业总产值增长率波动高于国内产值年增长波动，且波动幅度高于北京市国内生产总值增长波动的幅度。因此，可以说林业发展还存在不稳定的现象。

但是从整体上看，林业总产值与GDP在总体变动上还是呈现基本一致的变化规律，渐渐趋向平缓。这可能是随着我国社会主义市场经济的不断完善，对经济的宏观调控更加合理，使得国内生产总值和林业产值的增长趋向稳定。

然后从产业构成的角度来考察北京市林业和国民经济从1991~2009年的变化情况，结果分别如表5-2、图5-2、表5-3、图5-3所示。

表5-2 1991~2009间北京市GDP及其构成

Tab 5-2 Sections of GDP in Beijing from 1991 to 2009

年份	第一产业		第二产业		第三产业		GDP(亿元)
	产值（亿元）	所占比重(%)	产值（亿元）	所占比重(%)	产值（亿元）	所占比重(%)	
1991	45.53	7.6	291.52	48.68	261.84	43.72	598.89
1992	57.89	6.82	402.05	47.37	388.81	45.81	848.76
1993	53.38	6.18	414.79	48.04	395.17	45.77	863.34
1994	74.77	6.9	499.84	46.11	509.42	46.99	1084.03
1995	76.6	5.19	624.64	42.29	775.66	52.52	1476.9
1996	83.46	5.17	683.14	42.28	849.13	52.55	1615.73
1997	84.85	4.69	738.56	40.8	986.68	54.51	1810.09
1998	86.56	4.3	786.85	39.12	1137.9	56.58	2011.31
1999	87.48	4.02	840.23	38.64	1246.75	57.34	2174.46
2000	89.97	3.63	943.51	38.06	1445.28	58.31	2478.76
2001	93.08	3.27	1030.6	36.22	1721.97	60.51	2845.65
2002	98.05	3.05	1116.53	34.75	1998.13	62.19	3212.71
2003	95.64	2.61	1311.86	35.81	2255.6	61.58	3663.1
2004	102.9	2.40	1610.37	37.60	2570.04	60.00	4283.31
2005	97.99	1.42	2026.51	29.43	4761.81	69.15	6886.31
2006	98.04	1.25	2191.43	27.84	5580.81	70.91	7870.28
2007	101.26	1.08	2509.40	26.83	6742.66	72.09	9353.32
2008	112.81	1.01	2693.15	24.23	7682.07	69.11	11115.00
2009	118.29	0.97	2855.55	23.50	9179.19	75.53	12153.03

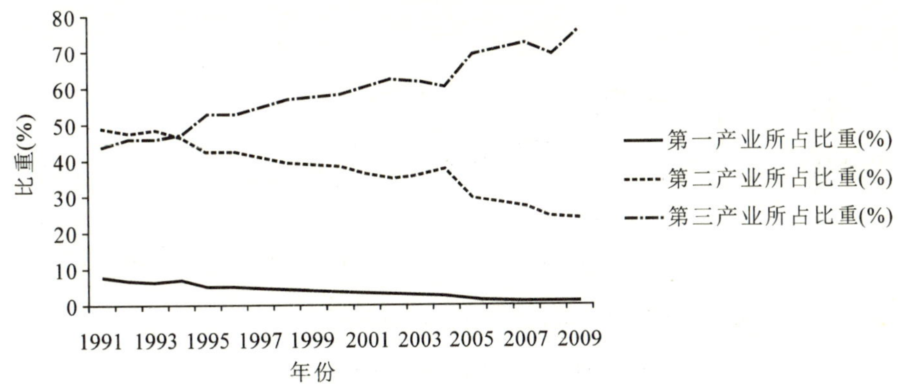

图 5-2 1991 ~ 2009 年间北京市国内生产总值构成

Fig. 5-2 Sections of GDP in Beijing from 1991 to 2009

表 5-3 1991 ~ 2009 间北京市林业产值及其构成

Tab. 5-3 Sections of Forestry Produce Value in Beijing from 1991 to 2009

年份	第一产业		第二产业		第三产业		林业总产值（万元）
	产值（万元）	所占比重（%）	产值（万元）	所占比重（%）	产值（万元）	所占比重（%）	
1991	/	/	/	/	/	/	38690
1992	/	/	/	/	/	/	56874
1993	/	/	/	/	/	/	80471
1994	85582	78. 51	10008	9. 18	13424	12. 31	109014
1995	114896	84. 26	11010	8. 07	10456	7. 67	136362
1996	106169	81. 82	9407	7. 25	14182	10. 93	129758
1997	130394	85. 09	10111	6. 6	12739	8. 31	153244
1998	144405	86. 24	8698	5. 19	14347	8. 57	167450
1999	164014	67. 79	63425	26. 22	14494	5. 99	241933
2000	205638	67. 67	82650	27. 2	15575	5. 13	303863
2001	250617	69. 35	95489	26. 42	15286	4. 23	361392
2002	305080	65. 03	146578	31. 24	17469	3. 72	469127
2003	343085	62. 05	192135	34. 75	17696	3. 2	552916
2004	384211	60. 79	226834	35. 89	20983	3. 32	632028
2005	400848	90. 87	12851	2. 91	27406	6. 21	441105
2006	390295	87. 57	27012	6. 06	28388	6. 37	445695
2007	513943	83. 00	71225	11. 50	34053	5. 50	619221
2008	721782	62. 19	78304	6. 75	360434	31. 06	1160520
2009	564063	52. 65	143218	13. 37	364090	33. 98	1071371

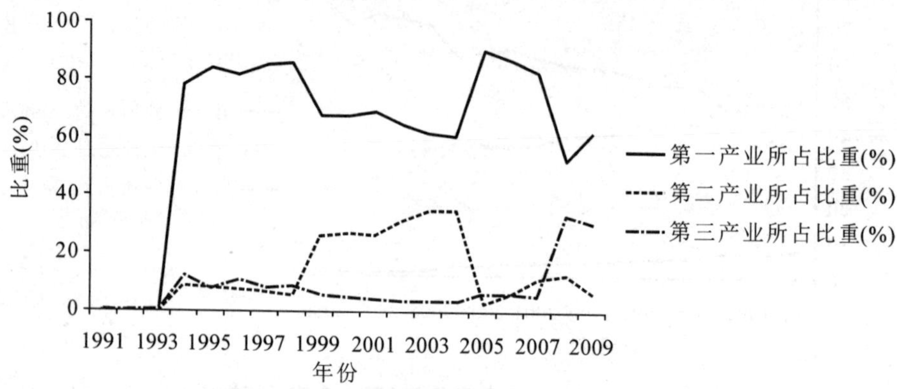

图5-3 1991~2009年间北京市林业产值构成

Fig. 5-3 Sections of Forestry Produce Value in Beijing from 1991 to 2009

从表5-2、表5-3和图5-2、图5-3可以得出以下结论：

(1)随着经济的发展，北京市第一、第二产业占国内生产总值的比重逐渐下降，第三产业占国内生产总值的比重不断上升。这表明北京市林业逐渐在后工业时代这样一个背景下发展。因此，在制定相关林业政策时，要考虑到这种经济环境。

(2)与此同时，林业产值虽然第一产业所占份额不断下降，第二产业所占份额不断上升，但目前还是以第一产业为主，第三产业份额最少，而且变化平缓。这符合发展经济学的观点，即随着经济的发展，第一产业的比重不断下降。从林业的经济结构中还可以看出，北京市林业的发展还没有达到后工业化时期。也就是从数量角度看，北京市林业发展快于国内生产总值。但是从经济结构来看，北京市林业的发展还落后于北京市的国内生产总值。因此，北京市林业的发展要吸收其他行业的成果，尤其是在科学和技术方面，这样才有利于实现跨越式发展。

5.4.2 北京市林业产值增长情况的回归分析

为进一步总结林业总产出与国民生产总值之间的动态关系和变化规律，量化反映林业在不同时期在国民生产中的地位和作用的变化情况，以及林业与国民经济的互动关系，我们根据表5-1，通过建立不同时期北京市林业产值与北京市国民生产总值回归方程，来进行相关方面的研究。设

北京市林业产值为 y，北京市的国内生产总值为 x，进行回归可得：

回归方程：$y = 5.46506837542 + 0.00798125162051x$ （1991～2009）

$R^2 = 0.822637$

回归方程：$y = -2.77684 + 0.0115x$ （1991～1995）

$R^2 = 0.929701$

回归方程：$y = -22.3718 + 0.020959x$ （1996～2000）

$R^2 = 0.936685$

回归方程：$y = 47.4453230005 + 0.000403530358296x$ （2001～2005）

$R^2 = 0.003806$

回归方程：$y = -92.9190432963 + 0.0171124757762x$ （2006～2009）

$R^2 = 0.830507$

从上面的回归方程可以看出：

(1)相关系数是用来表明两个变量的相关程度的。显然，除“十五”期间(2001～2005年)外，其余时期林业产值与国内生产总值的相关程度均较高。这是因为林业是国民经济中的一个重要组成部分，同时林业又是一个由森林生态系统和社会经济系统组成的复合系统，其中的第一产业、第二产业和第三产业与其他各生产系统具有极强的相关性，因此，林业产值与国内生产总值具有较高的相关关系，二者之间存在互动影响关系。

(2)回归系数是衡量自变量与因变量的变化程度，其经济意义为边际倾向，即国民经济每发生单位的变化，林业产值相应的变化幅度。分时期来看，回归系数逐渐变大，表明国民内生产总值对林业的影响是逐渐增大的，这将为后面的科技进步贡献率影响因子的分析提供基础。

5.5 北京市林业发展与其他相关地区的比较

北京、天津和上海都是直辖市，在社会、经济、人口、资源上有非常相似的地方，因此，有必要将它们的林业发展的历史演变情况进行比较。由于《中国林业统计年鉴》对林业按照第一产业、第二产业、第三产业口径进行统计开始于1993年，因此，我们的考察从1993年开始而不是1991年开始。根据统计资料的收集可以得到表5-4和图5-4。

表5-4　1993~2009年北京、天津、上海林业产值

Tab. 5-4　Forestry Produce Value of Beijing, Tianjin and shanghai from 1993 to 2009

年份	北京林业产值(万元)			天津林业产值(万元)			上海林业产值(万元)		
	第一产业	第二产业	第三产业	第一产业	第二产业	第三产业	第一产业	第二产业	第三产业
1993	53244	8561	12848	4680	–	301	10353	9515	12313
1994	85582	10008	13424	9240	–	388	33669	8447	7767
1995	114896	11010	10456	14251	–	914	59899	6872	6395
1996	106169	9407	14182	15256	–	2063	61224	6582	4038
1997	130394	10111	12739	10177	–	975	38780	10275	4265
1998	144405	8698	14347	18486	–	1091	41588	9803	3141
1999	164014	63425	14494	19253	–	827	63016	5890	3928
2000	205638	82650	15575	19869	13169	620	86652	6183	2310
2001	250617	95489	15286	29234	–	1342	123066	5987	3559
2002	305080	146578	17469	33072	–	2196	135169	4970	3478
2003	343085	192135	17696	33733	–	2213	250533	4114	3193
2004	384211	226834	20983	38344	–	2434	269962	3472	13272
2005	400848	12851	27406	42374	3465	2507	261130	16980	484
2006	390295	27012	28388	43221	–	6880	233419	16730	21442
2007	513943	71225	34053	141797	9544	17317	305955	99434	29491
2008	721782	78304	360434	180550	15638	17697	264887	443231	41313
2009	564063	143218	364090	159250	24138	7750	249502	296992	63970

从表5-4、图5-4可以看出，从数量上而言，北京市林业产值高于上海，更是远高于天津。而且在这十多年中，北京、上海的林业产值取得长足的进步，而天津的林业发展比较缓慢。

为了更好地理解这三个直辖市林业发展情况，下面分别按林业中第一产业、第二产业、第三产业在整个林业产值中所占的份额来讨论这三个直辖市的林业经济结构，结果如图5-5至图5-7。

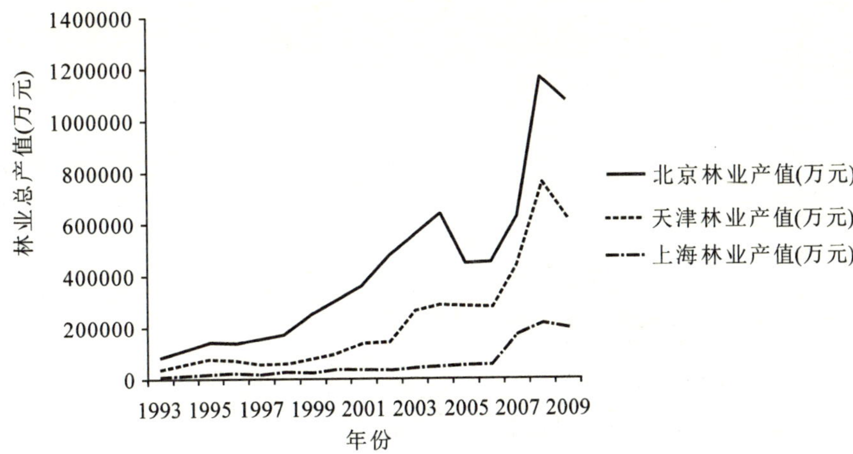

图 5-4 1993～2009 年北京、天津、上海林业总产值

Fig. 5-4 Forestry Produce Value of Beijing, Tianjin and shanghai from 1993 to 2009

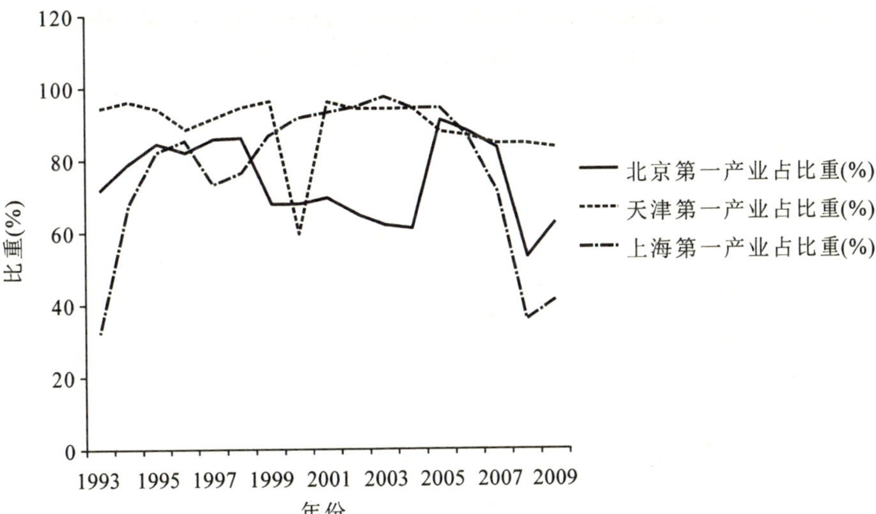

图 5-5 1993～2009 年北京、天津、上海林业中第一产业在林业中所占份额

Fig. 5-5 Ratio of the First Section Industry Value in Forestry of Beijing, Tianjin and Shanghai from 1993 to 2009

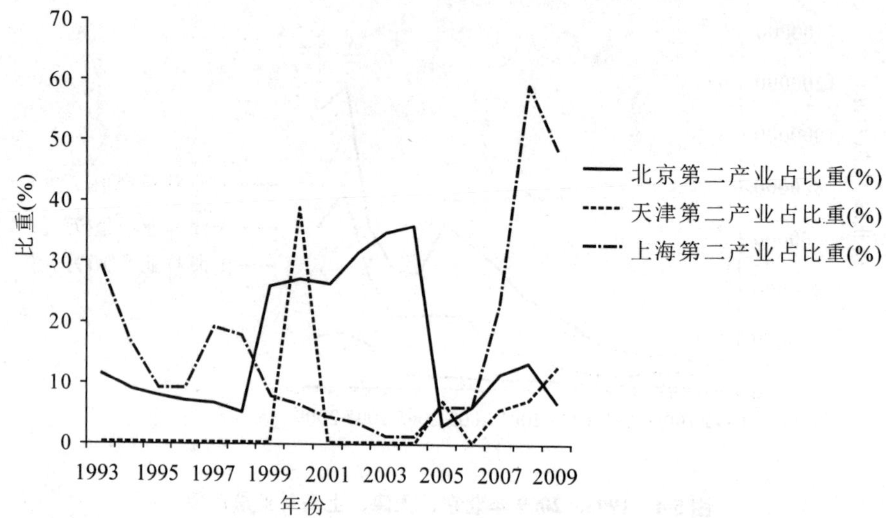

图5-6 1993~2009年北京、天津、上海林业中第二产业在林业中所占份额

Fig. 5-6 Ratio of the Second Section Industry Value in Forestry of Beijing, Tianjin and Shanghai from 1993 to 2009

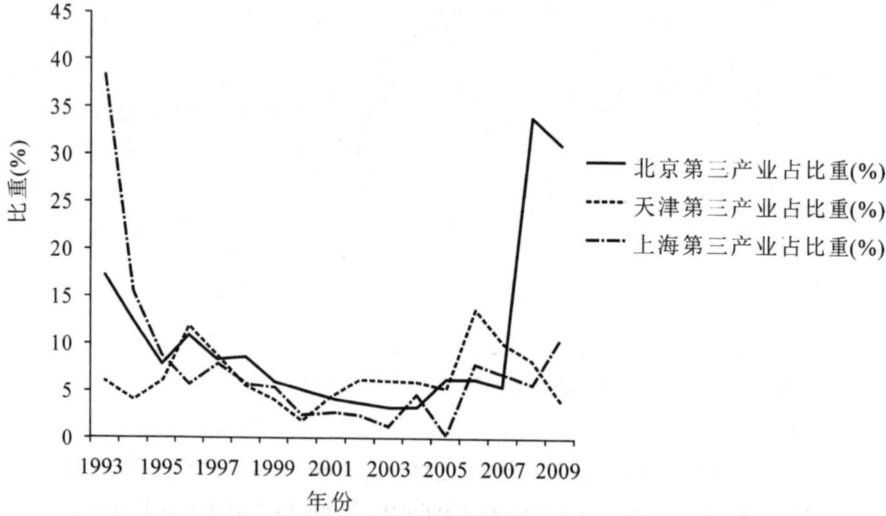

图5-7 1993~2009年北京、天津、上海林业中第三产业在林业中所占份额

Fig. 5-7 Ratio of the Third Section Industry Value in Forestry of Beijing, Tianjin and Shanghai from 1993 to 2009

从图5-5至图5-7可以看出，天津和上海的第一产业在林业中所占份额保持平缓，甚至略有上升，而第三产业在林业中所占份额，北京、天津、上海三个直辖市都有不同程度的下降趋势，而这种现象不能适应经济发展的趋势和要求。因此，这三个地区的林业产业发展结构还需要进一步优化，以适应当前我国社会经济的发展。

5.6 北京市林业科技进步贡献率的测算

根据第四部分的分析和研究，本书采用最为常用的索洛余值法来进行北京市科技进步贡献率的测算。因此，我们必须计算出北京市1991~2009林业产值、投入资本、投入劳力按环比增长速度。根据在《中国林业统计年鉴》、《北京统计年鉴》、《中国林业年鉴》等资料以及实地调研的数据，得到各个时期资本消耗、劳力消耗和产值的环比增长速度见表5-5。

表5-5 1991~2009年北京市林业按环比增长速度

Tab. 5-5 Increase Rate over Preceding Year of Forestry Produce Value Capital in Beijing from 1991 to 2009

年份	林业产值(%)	资本消耗(%)	劳力消耗(%)
1991	0.19	0.17	-0.01
1992	0.46	0.38	0.25
1993	0.12	0.18	-0.27
1994	0.36	0.45	0.01
1995	0.25	0.19	0.31
1996	-0.05	0.07	-0.61
1997	0.15	0.21	-0.18
1998	0.1	0.18	-0.3
1999	0.43	0.55	0.04
2000	0.24	0.33	-0.12
2001	0.21	0.31	-0.27
2002	0.26	0.36	-0.17
2003	0.16	0.24	-0.3
2004	0.13	0.12	-0.13
2005	-0.31	-0.31	-0.56
2006	0.00	0.07	0.00
2007	0.36	0.34	0.23
2008	0.78	0.78	3.32
2009	-0.06	-0.07	-0.04

通过回归方程可求得“八五”、“九五”、“十五”和“十一五”部分时期的回归方程，由于现在的年鉴只公布了2009年的资料，所以“十一五”部分时期科技进步贡献率的方程通过直接计算得到：

通过回归分析分别计算1991～1995年，1996～2000年，2001～2005年，2006～2009年四个时期的回归方程和相关系数：

回归方程：$y=0.052775+0.755463K+0.279801L$（1991～1995年）

相关系数：$R^2=0.931052$

回归方程：$y=0.053072+0.665349K+0.245238L$（1996～2000年）

相关系数：$R^2=0.99889$

回归方程：$y=0.061818+0.636364K+0.181818L$（2001～2005年）

相关系数：$R^2=0.998411$

回归方程：$y=-0.0203955661962+1.06417035K-0.0086292L$（2006～2009年）

根据计算结果，可以得出“八五”、“九五”、“十五”和“十一五”部分时期的科技进步贡献率。

$$E_A=\frac{c}{y}\times 100\%$$

式中：c是林业科技进步年平均增长速度；y是林业产值的年环比增长速度；E_A是年均林业科技进步贡献率。

计算结果见表5-6。

表5-6 不同时期北京市林业科技进步贡献率

Tab. 5-6 Contribution Rate of Forestry Sci-Tech Progress of Beijing in Different Period

时期	平均林业产值(%)	平均投资增长速度(%)	平均劳力增长速度(%)	平均科技增长速度(%)	投资贡献率(%)	劳力贡献率(%)	科技进步贡献率(%)
“八五”	27.03	26.87	3.63	5.28	75.1	5.37	19.52
“九五”	21.44	24.63	-13.98	5.31	76.44	-1.2	24.76
“十五”	27.65	38.14	-32.41	6.18	87.77	-10.13	22.36
“十一五”部分	30.37	29.79	63.54	-2.26	104.6	0.06	-7.44

5.7 北京市林业科技进步贡献率分析

根据上面的计算可以得知：

(1)“八五”、“九五”、“十五”和“十一五”部分时期的北京市林业科技进步贡献率为19.52%、24.76%、22.36%和-7.44%，林业科技进步速度分别为：5.28%、5.31%、6.18%和-2.26%。

(2)“八五”、“九五”、“十五”和“十一五”部分时期的北京市林业资本贡献率为75.10%、76.44%、87.77%和104.6%，林业劳力贡献率为：5.37%、-1.20%、-10.13%和0.06%。

这说明现在北京市林业产值的增长，大部分原因是林业投资带来的增长，其次是科技进步带来的增长，而劳力由于整体趋势上是不断减少，导致对北京市林业产值增长的贡献份额出现负值。因此迫切需要采取积极有效的措施，强化“人力”的作用，提高劳力对北京市林业发展的贡献。

第6章

北京市林业科技进步因子贡献率的测算和分析

6.1 北京市林业科技进步因子贡献率的测算

6.1.1 北京市林业科技进步因子的确定原则

科技进步是指人们对自然界、人类社会和思维本质及运行规律认识水平的提高，并将其运用到生产实践中，它涉及的是一个复杂的社会—经济系统。因此，有必要对科技进步因子进行定性和定量的研究。确定北京市林业科技进步因子应在一定的原则指导下完成，这些原则主要：

(1)全面性原则。科技进步的机理涉及整个社会系统及其运作，包含有多方面的“有效因素”，这些因素既有“硬科技进步”一方面，也有“软科技进步”一方面，涵盖面很广。各个因素的影响范围和影响程度在不同时期是不同的，不同的研究者看法也不同。因此，需要尽可能全面地考虑各种影响，这就需要通过征询不同方面的专家。

(2)实际性原则。由于本书研究的是北京市林业科技进步因子的贡献率，因此，在研究过程中要紧密结合北京实际情况。也许对全国林业而言，有些林业科技进步因子贡献率很大，但是对北京市而言未必有那么显著。因此，在确定北京市林业科技进步因子时要紧密联系北京市林业和林业科技的现状，强调实际性和实用性。

(3)决策性原则。由于本书力图为北京市林业发展决策服务，因此科技进步因子的确立参考北京市林业科技发展的需求，为北京市林业科技进步提供决策参考，以促使决策行为不断完善。

6.1.2 北京市林业科技进步因子的确定

在深入思考林业及林业科技的基础上，结合当前北京市林业发展的现状，通过咨询专家确定北京市林业科技进步诸因子，见表6-1。

表6-1 北京市林业科技进步因子

Tab. 6-1 Factors of S&T Advance of Beijing Forestry

林业科技进步	硬科技进步	种苗
		造林
		抚育
		药肥
		森保
	软科技进步	方针政策
		管理制度和方法
		组织
		信息化建设
		文化教育
		市场
		林业科技中介
		林业科技推广

6.1.3 北京市林业科技进步因子贡献率的测算

本书在计算出北京市林业科技进步贡献率后，再确定出各因素的权重，在此基础上计算林业各科技进步因子的贡献率。计算公式如下：

$$CR_i = FCR \cdot W_i \qquad (i=1, 2, \cdots, n) \qquad (6\text{-}1)$$

式中，CR_i表示第i个因子贡献率，FCR是林业科技进步贡献率，W_i是第i个因子的权重。

由于林业科技进步贡献率可以通过“索洛余值法”经过测算得到，现在要解决的问题是相应因子的权重。

在本书中，通过层次分析法来确定各因子的权重，并且其结果要进行方差检验，只有通过方差检验的结果才最终被本书所接受。

方差检验的具体步骤如下：

(1)专家选择和分组。首先选择30位既有观测水平又熟悉北京市林业科技工作的专家和工作者，然后，将30位专家根据从事领域的不同分为3组：自然科学专家、社会科学专家、林业实际工作者。每组10人。此时称有3个水平，分别把它们编号为：A_1，A_2，A_3，并且每个水平有10个观测值。

(2)因子权重的计算和入表。对每个因子而言，对应专家的分组情况，按照计算出来的每个专家咨询值记入方差分析表中，形式见表6-3。

表6-3 因子方差分析表

Tab. 6-3 Variance Analysis Table of Factors

水平	A_1	A_2	A_3
打分结果	x_{11}	X_{21}	X_{31}
	x_{12}	x_{22}	X_{32}
	…	…	…
	x_{1n}	x_{2n}	X_{3n}

(3)方差检验。由于是通过匿名咨询，所以可以假定各个咨询结果都是独立的。因此可以构造统计量F。

对于给定的显著性水平α，由“对应于概率$P(F\geqslant F_\alpha)$及自由度(k_1, k_2)的F_α数值表”查得F_α的值，若由样本观测值计算得到统计量F的值不大于F_α，则认为专家组的不同情况对总体无显著影响，认为咨询结果满意；若F的值大于F_α，则在显著性水平α下认为专家组的不同情况对总体有显著认识差异，需要进行重复一轮的咨询。

(4)权重的确定。对通过方差检验后因子咨询值，求取均值，即得到因子的权重。

根据对专家6轮的咨询，得到通过方差检验的因子权重(表6-4)。依据这些权重和计算出的“十五”期间北京市林业科技进步贡献率，可得相应的林业科技进步因子贡献率，见表6-4。

表 6-4 “十五”期间北京市林业科技进步因子贡献率
Tab. 6-4 Contribution Rate of Forestry Sci-Tech Progreos Factors in Beijing at Tenth Five Period

科技进步因子	占上一级指标的权重	科技进步因子的贡献率(%)
林业硬科技进步	0.4219	9.433684
林业软科技进步	0.5781	12.926316
种苗	0.37	8.2732
造林	0.071	1.58756
抚育	0.087	1.94532
药肥	0.069	1.54284
森保	0.403	9.01108
方针政策	0.124	2.77264
管理制度和方法	0.117	2.61612
组织	0.166	3.71176
信息化建设	0.138	3.08568
文化教育	0.106	2.37016
市场	0.12	2.6832
林业科技中介	0.067	1.49812
林业科技推广	0.162	3.62232

从表 6-4 可以看出，“十五”期间北京市林业科技进步第一级因子贡献率大小依次为软科技进步(12.93%)、林业硬科技进步(9.43%)；第二级因子贡献率大小依次为森保(9.01%)、种苗(8.27%)、组织(3.71%)、林业科技推广(3.62%)、信息化建设(3.09%)、方针政策(2.77%)、市场(2.68%)、管理制度与方法(2.62%)、文化教育(2.37%)、抚育(1.95%)、造林(1.59%)、药肥(1.54%)和林业科技中介(1.50%)。

6.2 北京市林业科技进步因子贡献率的分析及对策研究

6.2.1 第一级科技进步因子的分析研究

6.2.1.1 软科技进步

根据对 30 位专家的 6 轮征询，得到软科技进步的方差分析表(表 6-5、表 6-6)。

表6-5　软科技进步的方差分析数据表

Tab. 6-5　Data of Variance Analysis of Soft S&T Progress

自然科学家	社会科学家	实践工作者
0.7881	0.6091	0.5479
0.5431	0.6091	0.6261
0.5341	0.5411	0.4579
0.5361	0.4509	0.6021
0.4679	0.5409	0.5901
0.4579	0.6161	0.4509
0.6191	0.6261	0.5429
0.6331	0.6021	0.6331
0.4471	0.6369	0.6991
0.5499	0.6921	0.6941

表6-6　软科技进步的方差分析结果表

Tab. 6-6　Result of Variance Analysis of Soft S&T Progress

差异源	SS	df	MS	F	P-value	F_α ($\alpha=0.05$)
组间	0.006642	2	0.003321	0.447883	0.643641	3.354131
组内	0.200195	27	0.007415			
总计	0.206836	29				
检验结果	$F \leqslant F_\alpha$ ($\alpha=0.05$)					

北京市林业软科技进步包括方针政策、管理制度和方法、组织、信息化建设、文化教育，具体分析和研究见6.2.2节。

6.2.1.2　硬科技进步

根据对30位专家的6轮征询，得到软科技进步的方差分析表(表6-7、表6-8)。

表 6-7 硬科技进步的方差分析数据表

Tab. 6-7 Data of Variance Analysis of Hard S&T Progress

自然科学家	社会科学家	实践工作者
0.6319	0.4769	0.2909
0.3867	0.4529	0.4769
0.4699	0.4459	0.3917
0.3779	0.4699	0.5429
0.4529	0.3117	0.3869
0.3799	0.2947	0.4807
0.3017	0.5359	0.5379
0.4629	0.4339	0.3847
0.4599	0.4459	0.3849
0.3017	0.2947	0.3937

表 6-8 硬科技进步的方差分析结果表

Tab. 6-8 Result of Variance Analysis of Hard S&T Progress

差异源	SS	df	MS	F	P-value	$F_\alpha(\alpha=0.05)$
组间	0.000597	2	0.000298	0.039065	0.961742	3.354131
组内	0.206239	27	0.007638			
总计	0.206836	29				
检验结果	$F \leqslant F_\alpha(\alpha=0.05)$					

北京市林业硬科技进步包括种苗、造林、抚育、药肥、森保，具体分析和研究见 6.2.2 节。

6.2.2 第二级科技进步因子的分析研究

根据表 6-4 计算的权重大小依次分析各林业科技因子：

6.2.2.1 森 保

根据对 30 位专家的 6 轮征询，得到森保的方差分析表(表 6-9、表 6-10)。

表6-9 森保的方差分析数据表

Tab. 6-9 Data of Variance Analysis of Forestory Protection

自然科学家	社会科学家	实践工作者
0.2828	0.613	0.434
0.2828	0.451	0.2928
0.434	0.427	0.451
0.427	0.415	0.2758
0.444	0.3678	0.3728
0.458	0.2758	0.458
0.361	0.524	0.441
0.3658	0.519	0.517
0.366	0.4618	0.359
0.3748	0.272	0.368

表6-10 森保的方差分析结果表

Tab. 6-10 Result of Variance Analysis of Forestry Protection

差异源	SS	df	MS	F	P - value	$F_\alpha(\alpha=0.05)$
组间	0.014619	2	0.007309	1.02671	0.371747	3.354131
组内	0.192218	27	0.007119			
总计	0.206836	29				
检验结果	$F \leqslant F_\alpha(\alpha=0.05)$					

森林保护是保护森林资源免受病虫草鼠等有害生物危害和其他自然灾害，其中主要是病虫害和火灾。

▲病虫害防治

森林生物灾害(病虫鼠害)是制约我国林业可持续发展的关键环节。北京市森林病虫害的严重性体现在：以松毛虫、杨树蛀干害虫为代表的常发性森林重大病虫害尚未得到有效控制；柏木叶蜂、沙棘木蠹蛾等一些次要性病虫害逐步演化成主要威胁；以松材线虫为代表的外来入侵病虫害的威胁加剧；以生态环境整体恶化为诱因的病虫灾害频繁发生。总体上讲，北京市在病虫灾害的监测与预警、外来有害生物预防和控制方面落后于一些林业发达国家。

针对北京城市林业的特点、结构和功能，以及森林病虫害防治的公益性特点，北京应建立包括以监测和预警技术为支撑，重点预防和管理外来有害生物，生态调控为基础，生物防治为主、环境协调性化学控制技术为辅的森林病虫害持续控制技术体系。其目标是达到森林生物灾害的持续控制，确保北京森林资源和环境的可持续发展。

具体地，北京市森病虫害的防治主要是研究建立以生态系统为单元，以加强自然控制和生态调控作用为主体，并与其他控制措施相协调的森林生物灾害的持续控制技术体系；建立重大林木病虫害的监测和预警技术与系统；研究和开发以生态环境整体恶化为诱因的病虫灾害发生规律和预警技术；开发生态控制途径与技术；开发生物防治技术；开发环境协调性农药和生物制剂及其高效施药技术。开展有害生物普查；研究有害生物的危害状况，建立有害生物疫情数据库；制订有害生物的防治对策。要抓好五个战略重点：一是森林病虫灾害的监测和预警，包括灾害的遥感监测技术，重大害虫的引诱剂开发，灾害监测和预警信息管理和决策支撑体系，实现灾害信息获取和管理的实时化和可视化；二是林业外来有害生物预防与管理，包括有害生物信息系统与网络，外来有害生物快速检验、鉴定技术与标准化 ，外来有害生物的风险评估，外来有害生物检疫和管理；三是生态调控技术，包括森林生态系统结构和多样性调控，天敌昆虫和微生态调控，昆虫行为生态和化学生态调控；四是生物防治技术，包括有益生物资源的收集、鉴定、保存和功能评价，高特异性杀虫微生物的开发，重要林木害虫天敌昆虫的规模化繁殖技术，微生物制剂和天敌昆虫的林间应用技术，持续控制效果的强化和评估技术；五是环境协调性化学控制技术，包括安全高效药剂和剂型的筛选，林间喷洒技术和喷洒器械的引进等。上述关键技术突破后，结合北京市现有的优势和条件，可在天敌昆虫利用、微生物制剂开发等方面培育相关产业。

▲防　火

我国林业科技发达地区已经成功地应用生物防火林带防止森林火灾。由于北京市属温带地区，阔叶树种有落叶，常绿树种易燃，至今还没有建立有效的生物防火隔离带。生物防火林带是利用森林和林木的生物属性，阻隔林火的蔓延，可以减少森林火灾的发生，提高森林的抗火能力，是非常经济、有效的防火措施，对于提高北京市的林火管理能力，减少森林火灾的损失，保护北京市的森林资源，有着重要的意义。北京市林业科技工作应根据北京地区的自然条件和植被分布状况，研究出适合北京市的防火林带建设模式，包括：北京市防火树种的选择；森林阻火性能的研究；防火林带的建设模式研究，并可开发出适合北京市的重大森林火灾、病虫害监测预警与评估系统等。

6.2.2.2 种　苗

根据对30位专家的6轮征询，得到种苗的方差分析表(表6-11、表6-12)。

表6-11　种苗的方差分析数据表

Tab. 6-11　Data of Variance Analysis of Seeds and Seedlings

自然科学家	社会科学家	实践工作者
0.58	0.326	0.425
0.425	0.2428	0.2598
0.2428	0.418	0.2498
0.401	0.401	0.394
0.335	0.486	0.411
0.3398	0.408	0.491
0.418	0.3348	0.2498
0.382	0.394	0.328
0.3328	0.484	0.333
0.4288	0.3418	0.239

表6-12　种苗的方差分析结果表

Tab. 6-12　Result of Variance Analysis of Seeds and Seedlings

差异源	SS	df	MS	F	P - value	$F_\alpha(\alpha=0.05)$
组间	0.015505	2	0.007752	1.093982	0.349269	3.354131
组内	0.191332	27	0.007086			
总计	0.206836	29				
检验结果	$F \leq F_\alpha(\alpha=0.05)$					

据联合国粮农组织统计，近25年来世界粮食翻了一番，其中75%来自单产的提高，而单产提高中，最重要的因素是优良品种。在林业生产中也有类似的规律，例如由于三倍体毛白杨的繁育成功，大大缩短了轮伐期，极大地促进了林业生产。

北京地区的林业产业必须选择以抗干旱瘠薄为主要指标的抗逆境、抗病虫害、环保型树种和品种。在这些材料选育中，引进先进技术、占有资源、把握先机是非常重要的。由于林木生长周期长、遗传杂合性高，导致利用常规杂交手段进行定向培育抗逆性林木新品种难度很大。针对上述原因以及目前生态环境，应以一些重要树种的抗病虫、抗逆境的理化机制深入研究为切入点，在主要树种的种源、家系、无性系等不同层次选择及人工杂交的研究基础上，开展抗性与产量的联合选择技术研究，通过现代生物技术手段对现有的一些重要树种进行抗性的定向遗传改良。

当良种选育出来之后，要有良好的良种高效快繁技术及苗木培育产业化技术才能发挥更好的经济效益，相应地才能提高林业科技进步贡献率。因此要注意苗木的培育。根据种苗生产超前性、多样性、区域性、长期性和基础性的特点，种苗科技发展要围绕全面提高种苗质量为核心，以种质资源清查、保存和开发利用为基础，抓好五个战略重点：一是抓好良种基地和采种基地建设，系统研究良种基地营建与管理技术，以基地建设带动良种选育及推广，提高林木良种使用率和基地供种率；二是加强抗逆境、抗病虫害、环保型林木良种定向选育，开展抗性与产量的联合选择技术研究，通过现代生物技术手段进行抗性的定向遗传改良；三是开展优良乡土树种的良种选育、野生植物驯化和苗木培育技术研究，确立乡土树种在生态建设中的主导地位，并为生态建设提供丰富的优良品种；四是开展良种快速繁育技术及工厂化育苗系列配套技术研究，并使工厂化育苗的关键工具和基质国产化，形成环保基质产业，提高种苗质量和效益；五是开展种苗生产现代化管理研究，建立健全林木种苗地方标准，实现操作规范化、技术标准化、决策科学化。

林木良种基地营建系列技术研究包括深入开展主要树种优树调查，努力发掘本地基因资源，为建立种子园、采穗圃提供优良材料和通过经营管理系列技术的研究和子代测定，为建立高世代种子园和采穗圃作好技术储备。开展如下研究和开发工作：侧柏、刺槐、油松等主要树种优良种源和抗逆性家系选育研究；适于干旱瘠薄石质山地、沙地等恶劣立地条件防护林抗逆性植物材料的选育与引进；国内抗逆性植物材料资源收集与选择研究；国外抗逆性植物材料引种技术；优良抗逆植物扩繁技术；植物抗逆性基因克隆和基因工程育种；林木对污染物吸收、运输、转化、代谢、固定和挥发的生理生化和分子机理研究；制订(修订)苗木标准。

6.2.2.3 组 织

根据对30位专家的6轮征询，得到组织的方差分析表(表6-13、表6-14)。

表6-13 组织的方差分析数据表

Tab. 6-13 Data of Variance Analysis of Organization

自然科学家	社会科学家	实践工作者
0.0388	0.197	0.207
0.197	0.0388	0.19
0.282	0.221	0.0558
0.1288	0.1308	0.204
0.221	0.0458	0.0458
0.1358	0.178	0.19
0.124	0.214	0.214
0.2248	0.376	0.28
0.122	0.129	0.131
0.287	0.1378	0.035

表6-14 组织的方差分析结果表

Tab. 6-14 Result of Variance Analysis of Organization

差异源	SS	df	MS	F	P-value	$F_\alpha(\alpha=0.05)$
组间	0.002184	2	0.001092	0.144083	0.866477	3.354131
组内	0.204652	27	0.00758			
总计	0.206836	29				
检验结果	$F \leq F_\alpha(\alpha=0.05)$					

科技管理部门是抓好科技支撑方案的制订和实施的关键，是使科技支撑工作贯穿于林业工程建设的全过程必不可少的执行者。当前本方面有关科技工作的重点是：为了发挥组织的各项作用，林业管理部门特别是第一把手每年要抓好几项关键技术的推广、几个重大课题的攻关，为改善林业科技工作者的工作和生活条件办几件实事。科技管理部门要抓好科技支撑方案的制订和实施，使科技支撑工作贯穿于林业工程建设的全过程。各级林业部门每年要抓几项实用技术的推广，几个重大关键技术的攻关。对林业科技的重大问题建立协调制度。建议由林业、农业、计划、金融、水利、环保等多个部门组成科技协商机制，切实加强对林业科技的领导，及时解决出现的问题。

6.2.2.4 林业科技推广

根据对30位专家的6轮征询，得到林业科技推广的方差分析表(表6-15、表6-16)。

表6-15 林业科技推广的方差分析数据表

Tab. 6-15 Data of Variance Analysis of Forstory S&T Extention

自然科学家	社会科学家	实践工作者
0.21	0.217	0.12
0.276	0.186	0.2
0.0348	0.0348	0.0418
0.0518	0.283	0.217
0.186	0.0418	0.193
0.278	0.1268	0.1318
0.125	0.193	0.174
0.1248	0.203	0.2208
0.127	0.118	0.21
0.031	0.372	0.1338

表 6-16　林业科技推广的方差分析结果表

Tab. 6-16　Result of Variance Analysis of Forestory S&T Extention

差异源	SS	df	MS	F	P-value	$F_{\alpha}(\alpha=0.05)$
组间	0.007004	2	0.003502	0.43638	0.651399	3.402826
组内	0.19261	24	0.008025			
总计	0.199614	26				
检验结果	$F \leqslant F_{\alpha}(\alpha=0.05)$					

北京市的林业推广服务体系是由市、区（县）、乡（镇）三级林业技术推广体系构建而成的，其任务是要积极营造有利于林业科技成果转化和产业化的良好环境。当前本方面有关科技工作重点是：

(1)加强教育培训的宏观管理。研究制定《加强全行业教育培训工作的意见》，制定《专业技术人员继续教育规划》、《林农教育培训规划》。通过各类计划的实施，提高从业人员的整体素质，为林业跨越式发展提供人力支持。

(2)组织开展综合培训和技术专题培训。组织高新技术知识讲座，如新品种保护、标准化知识、生物技术、信息技术等。

(3)做好技术人员继续教育的各项工作。一是做好在职研究生学习的组织管理工作；二是做好生态环境管理专业大专、本科生自学考试等学历教育工作；三是组织技术人员参加市人事局等部门组织的专题讲座；四是组织林业、果树、花卉、森保等专业骨干系列"高研班"。

(4)规范技术工人培训和技术等级考核工作，包括考核培训教材的修改、课件的制作，考评员的培训等。

6.2.2.5　信息化建设

根据对30位专家的6轮征询，得到信息化的方差分析表(表6-17、表6-18)。

表 6-17　信息化建设的方差分析数据表

Tab. 6-17　Data of Variance Analysis of Information Promotion

自然科学家	社会科学家	实践工作者
0.193	0.0108	0.179

（续）

自然科学家	社会科学家	实践工作者
0.0178	0.169	0.162
0.0278	0.348	0.193
0.0178	0.103	0.162
0.1008	0.15	0.186
0.176	0.0108	0.259
0.186	0.1028	0.254
0.169	0.1078	0.096
0.252	0.007	0.094
0.1098	0.101	0.1968

表 6-18 信息化建设的方差分析结果表

Tab. 6-18 Result of Variance Analysis of Information Promotion

差异源	SS	df	MS	F	P-value	$F_\alpha(\alpha=0.05)$
组间	0.025113	2	0.012557	1.865648	0.174208	3.354131
组内	0.181723	27	0.00673			
总计	0.206836	29				
检验结果	$F\leqslant F_\alpha(\alpha=0.05)$					

随着第三次技术革命浪潮强有力的冲击，信息化管理已成为林业管理手段现代化最重要的标志之一，正广泛进入林业生产、流通、消费的各个领域。所谓信息化，是指社会经济的发展，从以物质与能量为经济结构的重心，向以信息为经济结构的重心转变的过程。在这个过程中，人们不断采用现代信息技术装备国民经济的各个部门，从而极大地提高社会劳动生产率。现代林业有条件迅速掌握准确信息，并且能够进行科学决策。

信息技术为林业生产、林业经营、林业资源以及流通过程进行管理和服务，是知识经济社会中最重要的资源和竞争要素。我国传统的森林资源监测体系以森林资源连续清查体系与年度资源监测相结合为基础，进行资源数据更新，逐级统计变化从而为林业方针政策、林业规划等宏观决策提供依据。然而一个现代的森林资源监测体系应当是建立在计算机网络信息化基础上，以地理信息系统技术为平台的高效、准确、反应迅速的监测体系，并结合社会、经济信息为决策者提供智能化森林资源与林业工程规划、分析与决策的系统，传统监测体系的数据由于缺乏统一标准和规范而产生的管理简单、应用单一、信息不畅、管理封闭、效率低下等弊端随着信息技术的发展日益突出。为适应社会信息化发展趋势，北京市森林资源及其生态状况监测体系也应该集成3S技术、计算机技术、数据库技术、数据挖掘技术、系统集成技术、网络技术、智能技术与可视化技术，实现标准化、规范化采集与更新数据，充分享用数据以实现林业可持续发展与信息化管理的目标，使之符合现代林业的要求。它的任务主要是以下两个：

(1)组装建立一个相互制约、相互促进的、有机的、现代信息技术支持的信息管理系统集成技术平台，把森林资源及其生态状况监测体系物化在数字化的环境之中，为林业规划、经营管理决策服务。开展如下工作：基础数据库的标准化与规范化研究；森林资源监测及其生态状况效益评价指标体系、动态模型与仿真系统研究；森林资源监测及其生态状况管理信息集成系统解决方案研究；森林资源监测公众服务开放式网络系统研究等。

(2)加快林业科技信息网络建设。要加快北京林业科技的信息化建设，抓好以北京市园林绿化局科教处、有关企业、林业工程管理机构、各县(区)林业科技主管部门、推广中心、质检站、各类基地的互联网和资源共享工作；建设林业科技管理数据库；支持林业科技资料库、图书馆、科普教育馆等建设，使之成为传播林业科技信息的重要阵地。

6.2.2.6 方针政策

根据对30位专家的6轮征询，得到方针政策的方差分析表(表6-19、表6-20)。

表6-19 方针政策的方差分析数据表

Tab. 6-19 Data of Variance Analysis of Policy

自然科学家	社会科学家	实践工作者
0.0938	0.0868	0.0888
0.148	0.155	0.165

（续）

自然科学家	社会科学家	实践工作者
0.0868	0.079	0.136
0.0868	0.0138	0.162
0.172	0.148	0.155
0.082	0.0038	0.179
0.145	0.0038	0.172
0.0958	0.24	0.1828
0.234	0.087	0.089
0.093	0.08	0.238

表 6-20 方针政策的方差分析结果表

Tab. 6-20 Result of Variance Analysis of Policy

差异源	SS	df	MS	F	P-value	$F_\alpha(\alpha=0.05)$
组间	0.022473	2	0.011237	3.320811	0.051354	3.354131
组内	0.09136	27	0.003384			
总计	0.113834	29				
检验结果	$F \leqslant F_\alpha(\alpha=0.05)$					

对于具有明显公益性质的林业来说，国家和地方的方针政策非常重要。北京市林业科技方针政策应把以下几个方面作为重点：

(1)对林业科研单位通过技术成果转让、技术培训、技术咨询、技术服务、技术承包所得的技术性收入暂免征所得税；对林业科研单位取得的技术转让收入免征营业税。

(2)引入激励竞争机制，鼓励林业科研院所、企业及个人从事技术开发、技术转让、技术咨询，结合工程转化科技成果，创办科技型企业；鼓励北京市林业部门与在京科研教学单位进行林业科技合作与交流，共同申报和承担科技支撑项目。

(3)鼓励科技人员以资金、技术等生产要素投入科技创业服务，发展科技产业，取得合法报酬；科技人员可以离岗或在不影响本单位产权、经济利益的前提下，进行技术开发、技术咨询、技术服务、技术推广、技术承包、承担科技项目等，允许实行有偿服务，取得合法报酬。

(4)对在林业工程建设中取得重大科技突破和突出效益的单位和个人给以重奖，对取得突出成果的优秀科技人员破格晋升专业职称，优先聘任专业技术职务或提拔重用，并在项目、经费等安排上予以倾斜；鼓励社会资本投资开发性生产、科研、流通等领域，与乡村、企业、专业大户结成经济利益共同体，并取得合法收益。

6.2.2.7 市 场

根据对30位专家的6轮征询，得到市场的方差分析表(表6-21、表6-22)。

表6-21 市场的方差分析数据表

Tab. 6-21 Data of Variance Analysis of Market

自然科学家	社会科学家	实践工作者
0.13	0.161	0.151
0.168	0.085	0.144
0.078	0.132	0.0848
0.0998	0.168	0.0998
0.083	0.089	0.141
0.0098	0.1788	0.175
0.044	0.0898	0.0928
0.158	0.175	0.051
0.234	0.0828	0.236
0.076	0.0918	0.0928

表6-22 市场的方差分析结果表

Tab. 6-22 Result of Variance Analysis of Market

差异源	SS	df	MS	F	P - value	$F_\alpha(\alpha=0.05)$
组间	0.001794	2	0.000897	0.277013	0.760435	3.402826
组内	0.077704	24	0.003238			
总计	0.079497	26				
检验结果	$F \leqslant F_\alpha(\alpha=0.05)$					

市场在林业经济增长中起着同样的不可忽视的作用。当前北京市林业科技在市场工作中的重点是：建立专门从事林业项目评估、招投标的专业机构，规范管理，推动技术贸易；积极引导和发展民办技术推广组织和各种林业产业专业协会，形成由国家、集体、企业、个人广泛参与的新型技术市场；鼓励和支持市、区(县)、乡林业技术推广部门跨区域创办林技企业。

6.2.2.8 管理制度与方法

根据对30位专家的6轮征询，得到管理制度与方法的方差分析表(表6-23、表6-24)。

表6-23 管理制度与方法的方差分析数据表

Tab. 6-23 Data of Variance Analysis of Rules and Methods of Management

自然科学家	社会科学家	实践工作者
0.072	0.165	0.0898
0.0898	0.0068	0.165
0.0868	0.129	0.141
0.0818	0.141	0.155
0.0868	0.238	0.172
0.148	0.158	0.0868
0.08	0.148	0.0798
0.082	0.0888	0.1758
0.131	0.133	0.075
0.127	0.086	0.073

表6-24 管理制度与方法的方差分析结果表

Tab. 6-24 Result of Variance Analysis of Rules and Methods of Management

差异源	SS	df	MS	F	P-value	$F_\alpha(\alpha=0.05)$
组间	0.005119	2	0.002559	1.221845	0.310467	3.354131
组内	0.056555	27	0.002095			
总计	0.061674	29				
检验结果	$F \leq F_\alpha(\alpha=0.05)$					

如前所述，广义科技进步包含硬科技和软科技。从某种角度看，软科技更能提高生产效率，人们通常提出"向管理要效益"的口号，道理即在于此。从测算结果看，管理技术对林业经济增长的贡献很大。北京市在林业生产中一定要通过制定正确的管理制度和采用合理的管理方法来为林业科技保驾护航。

当前本方面有关的科技工作重点是：健全市、区（县）、乡(镇)三级林业科技管理制度，完善管理方法，稳定林业科技队伍，改善技术推广人员工作和生活条件，提高林业科技人员的业务素质，积极营造有利于林业科技发展的良好环境。

6.2.2.9 文化教育

根据对30位专家的6轮征询，得到文化教育的方差分析表(表6-25、表6-26)。

表6-25 文化教育的方差分析数据表

Tab. 6-25 Data of Variance Analysis of Education

自然科学家	社会科学家	实践工作者
0.118	0.0858	0.161
0.13	0.0708	0.154
0.061	0.069	0.137
0.0788	0.075	0.0858
0.037	0.227	0.054
0.0858	0.1648	0.122
0.144	0.0688	0.0778
0.064	0.0788	0.147
0.0758	0.062	0.216
0.03	0.22	0.071

表6-26 文化教育的方差分析结果表

Tab. 6-26 Result of Variance Analysis of Education

差异源	SS	df	MS	F	P-value	$F_\alpha(\alpha=0.05)$
组间	0.008675	2	0.004338	1.572824	0.22588	3.354131
组内	0.074463	27	0.002758			
总计	0.083138	29				
检验结果	$F \leqslant F_\alpha(\alpha=0.05)$					

文化教育是科技进步的一个重要组成部分，只有通过良好的教育，才能把先进适用的科学技术应用到生产中。当前本方面有关的科技工作重点是：

(1)加强科技队伍的建设。在加强市属科技队伍的基础上，大力吸纳在京中央和各部门相关专业的科技力量；拓宽人才培养渠道，加大科技培训力度，逐年安排科技人员到大专院校学习，培养高层次、复合型人才和产业人才。

(2)对专业科技人员、管理干部、技术工人、林农等各类人员进行实用技术培训；大力发展远程教育和网上培训。同时，注意发挥学会、协会等群众团体、民间组织在培训中的职能作用，组织开展学术交流，促进林业科技普及和科技进步。

6.2.2.10 抚 育

根据对30位专家的6轮征询，得到抚育的方差分析表(表6-27、表6-28)。

表6-27 抚育的方差分析数据表

Tab. 6-27 Data of Variance Analysis of Pruning

自然科学家	社会科学家	实践工作者
0.045	0.0568	0.099
0.0668	0.0598	0.0768
0.011	0.135	0.042
0.111	0.0518	0.118
0.125	0.028	0.0668
0.035	0.018	0.0598
0.052	0.142	0.05
0.056	0.0498	0.101
0.1458	0.0588	0.203
0.208	0.043	0.297

表 6-28 抚育的方差分析结果表

Tab. 6-28 Result of Variance Analysis of Pruning

差异源	SS	df	MS	F	P-value	F_α(α=0.05)
组间	0.011098	2	0.005549	1.414228	0.260553	3.354131
组内	0.105938	27	0.003924			
总计	0.117036	29				
检验结果	$F \leq F_\alpha$(α=0.05)					

森林生态系统经营是属于森林生态系统与社会经济系统组成的复杂科学领域研究的问题。从生态学角度要求，森林生态系统需要长期动态地维持其结构和功能，以维持林地的生产力及生物多样性；从社会经济方面，则体现为持续满足与森林相关的人类需要。我国从 1995 年引入生态系统经营概念以来，已经为森林生态系统经营提供了一定的科学积累和基础。但目前缺少长期定位实验研究，也没有形成中国森林可持续经营的理论体系，尚处于跟踪实验研究阶段。北京市有大量中幼林急待科学经营，需对大量中幼林从生态系统角度进行健康经营，为中幼林经营提供理论基础。而且在北京市现有中幼林多数为单纯林。这些林分普遍存在两个问题：多年来抚育跟不上，密度普遍偏大，造成竞争激烈，分化严重，衰败加速，功能退化；原来营造的是生态防护林，而目前的城市和居民区附近则更多地需要在景观方面发挥作用。这两个问题必须通过森林抚育逐步改造林分结构才能解决。

本方面有关的科技工作重点是：研究天然林生态系统适应性经营的技术体系和经营模型、干扰对天然林生态系统的影响、森林生态系统与社会经济系统的复杂性描述及表达方法；主要造林树种混交林和树种间关系的研究，尤其是弄清不同立地条件下和林分生长发育过程中不同树种间的相互关系；主要树种混交类型、混交方法、混交比例的确定；主要混交林的抚育技术等。

在抚育过程中，特别要注意动态反馈，合理运用森林结构调控技术。由于纯林的结构比较简单，往往导致病虫害蔓延、生物多样性降低、林地地力衰退、生态稳定性差，给林业生产和生态环境建设造成重大影响，难以实现可持续经营的目的。培育混交林以取代纯林，可取得良好的生态效益、经济效益和社会效益。目前北京市森林抚育开展的研究可集中在：向纵深的角度延伸，在宏观方面与景观尺度上生态研究相衔接，在微观尺度上向多学科的综合性研究发展；运用生态学、计算机等学科的知识和手段，进一步揭示混交林成功的内部机理。

6.2.2.11 造 林

根据对30位专家的6轮征询，得到造林的方差分析表(表6-29、表6-30)。

表6-29 造林的方差分析数据表

Tab. 6-29 Data of Variance Analysis of Planting

自然科学家	社会科学家	实践工作者
0.102	0.03	0.095
0.029	0.0438	0.126
0.109	0.0358	0.0081
0.019	0.0438	0.052
0.012	0.102	0.0408
0.0008	0.0338	0.034
0.0428	0.0825	0.0508
0.119	0.126	0.083
0.095	0.187	0.036
0.085	0.281	0.027

表6-30 造林的方差分析结果表

Tab. 6-30 Result of Variance Analysis of Planting

差异源	SS	df	MS	F	P-value	$F_\alpha(\alpha=0.05)$
组间	0.009942	2	0.004971	1.481684	0.245153	3.354131
组内	0.090582	27	0.003355			
总计	0.100523	29				
检验结果	$F\leqslant F_\alpha(\alpha=0.05)$					

据森林资源清查结果，还有34.69万hm^2宜林荒山荒地、沙荒地和采伐迹地尚待绿化造林。山区和郊区的土地沙化未得到全部遏制，水土流失还未得到根治。北京市绿色生态屏障建设的重点在山区，山区绿色生态屏障建设的重点和难点在条件差的困难立地。该地区降雨量低，土壤瘠薄限

制了绿化的速度。北京市年均降水量600 mm左右，近年来有减少的趋势，而且，这些降水的分布极不均匀，春季和初夏的干旱对造林成活率、保存率构成极大的影响和威胁。此外，北京市林业建设的重点之一在石质山地等困难立地区。困难立地造林的理论与技术是当今森林培育学乃至林学所面临的重大课题，是受损生态系统恢复与重建的核心问题。因此，需开展以下工作：半干旱地区植被恢复机理研究、抗旱造林新技术、新材料开发应用研究、土壤水分承载量与植被(包括免灌植被)恢复机理和技术研究、森林植被与土壤水分和养分的耦合机制、逆境条件下的“适地适树”研究、乔灌草适当比例的确定和合理森林覆盖率研究、困难立地的森林抚育技术研究。

6.2.2.12 药 肥

根据对30位专家的6轮征询，得到药肥的方差分析表(表6-31、表6-32)。

表6-31 药肥的方差分析数据表

Tab. 6-31 Data of Variance Analysis of Pesticide and Fertilizer

自然科学家	社会科学家	实践工作者
0.0338	0.124	0.117
0.1	0.107	0.0278
0.034	0.0418	0.0088
0.11	0.093	0.024
0.0488	0.0388	0.027
0.017	0.0418	0.032
0.185	0.0318	0.093
0.081	0.05	0.19
0.0408	0.0488	0.038
0.083	0.179	0.025

表 6-32 药肥的方差分析结果表

Tab. 6-32 Result of Variance Analysis of Pesticide and Fertilizer

差异源	SS	df	MS	F	P-value	$F_{\alpha}(\alpha=0.05)$
组间	0.001777	2	0.000889	0.325915	0.724667	3.354131
组内	0.073619	27	0.002727			
总计	0.075396	29				
检验结果	$F \leq F_{\alpha}(\alpha=0.05)$					

绿色食品是特指无污染的安全、优质、营养食品。经过多年的艰苦努力，我国绿色食品事业已奠定了一定的发展基础：机构日趋完善；绿色食品标准建设已初成体系，标志管理已逐步步入规范；绿色食品产品开发已初具规模，市场开发进展迅速；绿色食品宣传效果日益明显，事业整体形象基本树立；国际交流与合作日益频繁，范围也日益扩大。但是存在的问题依然严重，针对于此，北京市林业科技在农药化肥方面主要应重点放在以下方面：

(1)主要农药在果树内吸收、运输和积累规律的研究；绿色果品质量监测体系的确定；绿色果品生产技术规范等。

(2)化肥在种植业总产值增长中的贡献很大，但是在林业中并不明显。可以在集约型林业地区进行化肥的应用，以尽快地恢复地力，在这个过程中要研究提高化肥利用率的技术和途径。

6.2.2.13 林业科技中介

根据对30位专家的6轮征询，得到林业科技中介的方差分析表(表6-33、表6-34)。

表 6-33 林业科技中介的方差分析数据表

Tab. 6-33 Data of Variance Analysis of Forestory S&T Agency

自然科学家	社会科学家	实践工作者
0.105	0.098	0.022
0.0368	0.0398	0.079
0.091	0.122	0.088
0.098	0.108	0.015

（续）

自然科学家	社会科学家	实践工作者
0. 0468	0. 115	0. 0568
0. 025	0. 03	0. 0398
0. 081	0. 0468	0. 177
0. 0388	0. 1258	0. 036
0. 032	0. 091	0. 083
0. 023	0. 0298	0. 0318

表 6-34　林业科技中介的方差分析结果表

Tab. 6-34　Result of Variance Analysis of Forestory S&T Agency

差异源	SS	df	MS	F	P-value	$F_{\alpha}(\alpha=0.05)$
组间	0. 003108	2	0. 001554	0. 949539	0. 400981	3. 402826
组内	0. 03928	24	0. 001637			
总计	0. 042388	26				
检验结果	$F \leqslant F_{\alpha}(\alpha=0.05)$					

北京市林业科技中介方面存在以下一些问题：北京市相当一部分科技中介机构服务水平、服务质量和人员素质偏低，缺乏竞争力；一些科技中介机构从政府部门分离出来后，运行方式上机制不活、人浮于事；一些机构缺乏清晰的业务定位和核心竞争力，专业化水平低，无法满足客户的综合要求；多数科技中介机构尚未创出品牌，没有形成专业化分工和网络化协作的服务体系；相当部分从业人员专业能力、服务经验不足，个别从业人员甚至缺乏职业道德，不顾行业信誉，导致社会上存在“轻视中介、怀疑中介、嫌弃中介”的倾向。当前本方面有关的科技工作重点是：大力发展林业科技中介组织；建立专门从事林业项目评估、招投标的专业机构，积极引导和发展民办技术推广组织和各种林业产业专业协会，鼓励和支持市、区(县)、乡林业技术推广部门参与创办林技中介机构。

第7章

北京市林业科技进步贡献率影响因子的测算和分析

7.1 目前科技进步相关评价指标概述

科技是一个复杂社会经济系统，林业科技也是一个多层面的复杂系统。虽然当前对林业科技进步影响因子的定量性研究还没有兴起，但是科技与社会经济发展相互关系研究已有很多，而且建立了许多指标体系，有的国家甚至已经制定了国家级标准和地区级标准。

目前有代表性的指标体系主要有：

(1)科技的社会经济综合发展评价指标体系(图7-1)。该指标体系由主体指标和相关指标两个部分组成。其中主体指标包括科技资源指标、教育指标、科技信息指标、科技产出指标、科技管理指标等5个主体指标子集和科技经济指标、科技社会指标等2个相关指标子集构成。

(2)科技的社会经济综合吸收能力评价指标体系(图7-2)。该指标体系从吸收潜能、吸收活力和社会产出水平三个角度进行构建，比较全面地反映了科技对经济的影响。

(3)美国的国家科研能力评价指标(图7-3)。包括投入指标、活动指标、产出指标三个指标子集构成。

(4)日本的国家科研能力评价指标(图7-4)。包括科学能力指标、技术能力指标、生产能力指标三个指标子集构成。

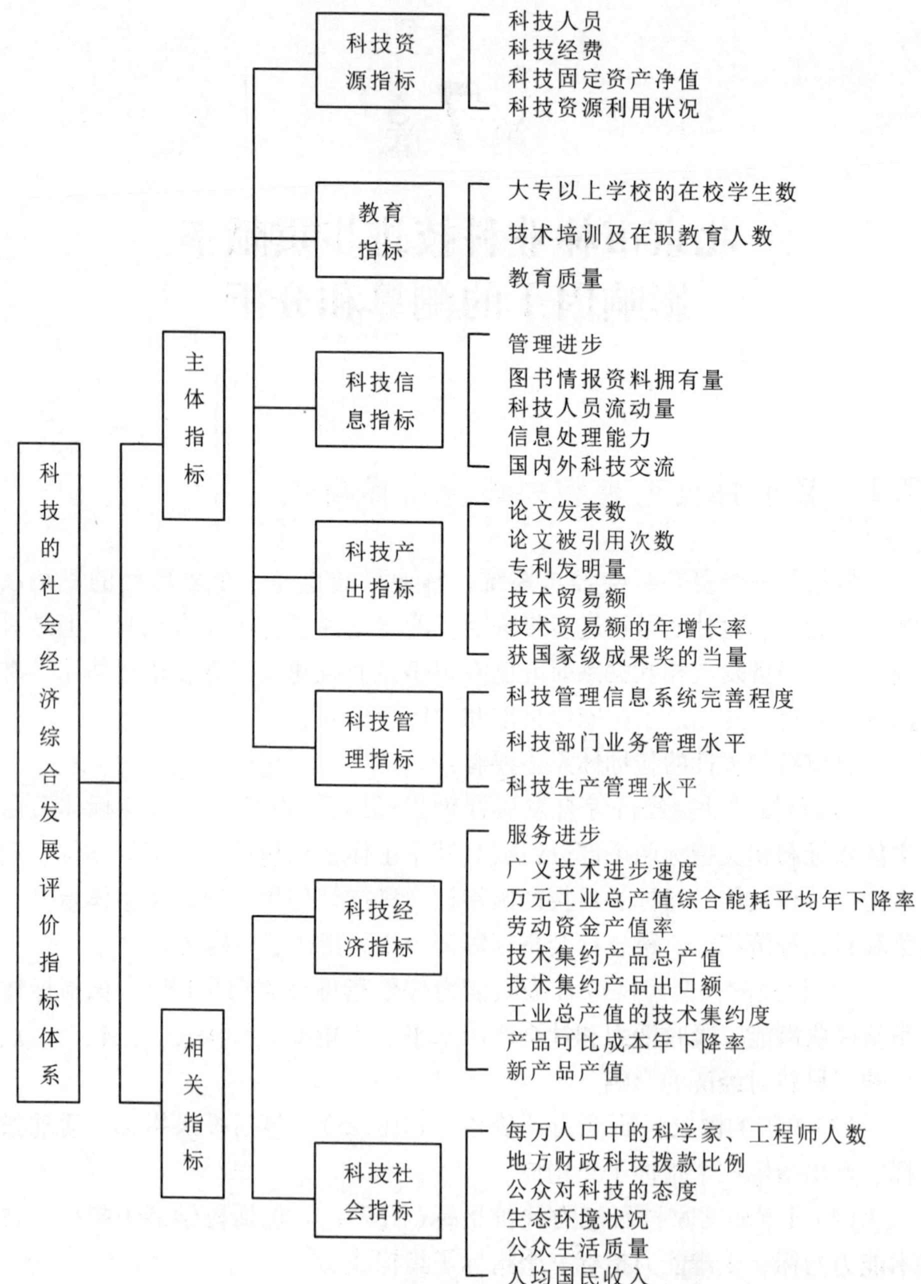

图7-1　科技的社会经济综合发展评价指标体系

Fig 7-1　Evaluation Index System of Society and S&T Integral Development

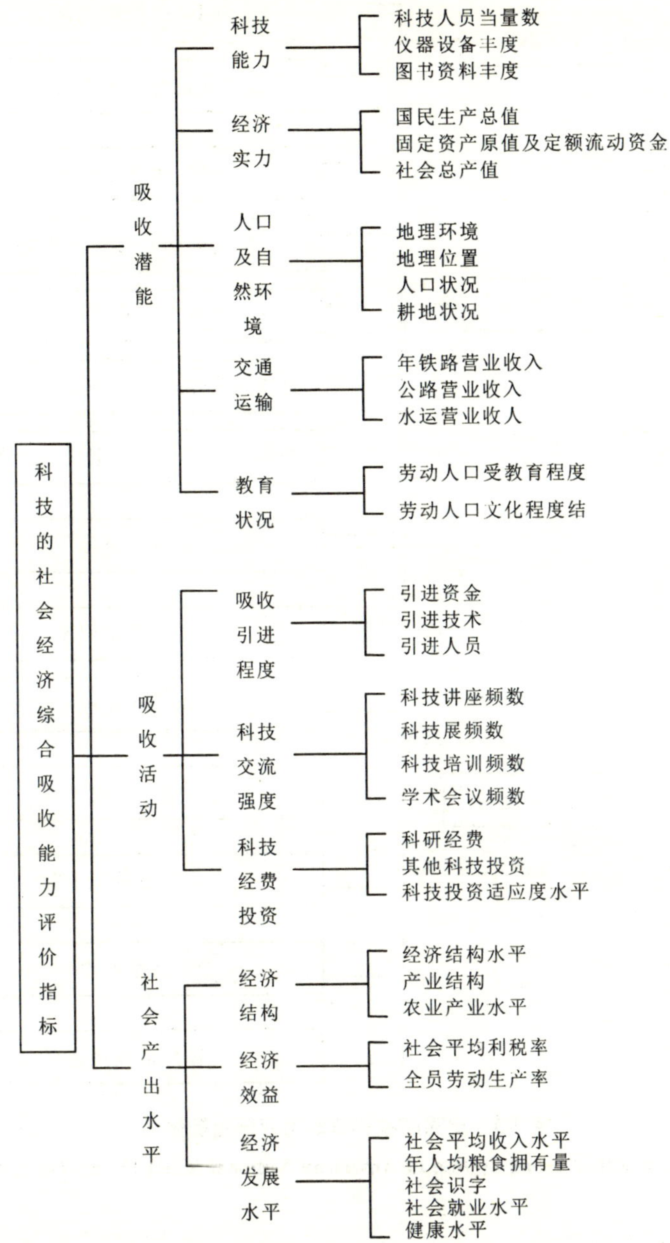

图 7-2 科技的社会经济综合吸收能力评价指标体系

Fig 7-2 Evaluation System of Social Absorption Capacity of S&T

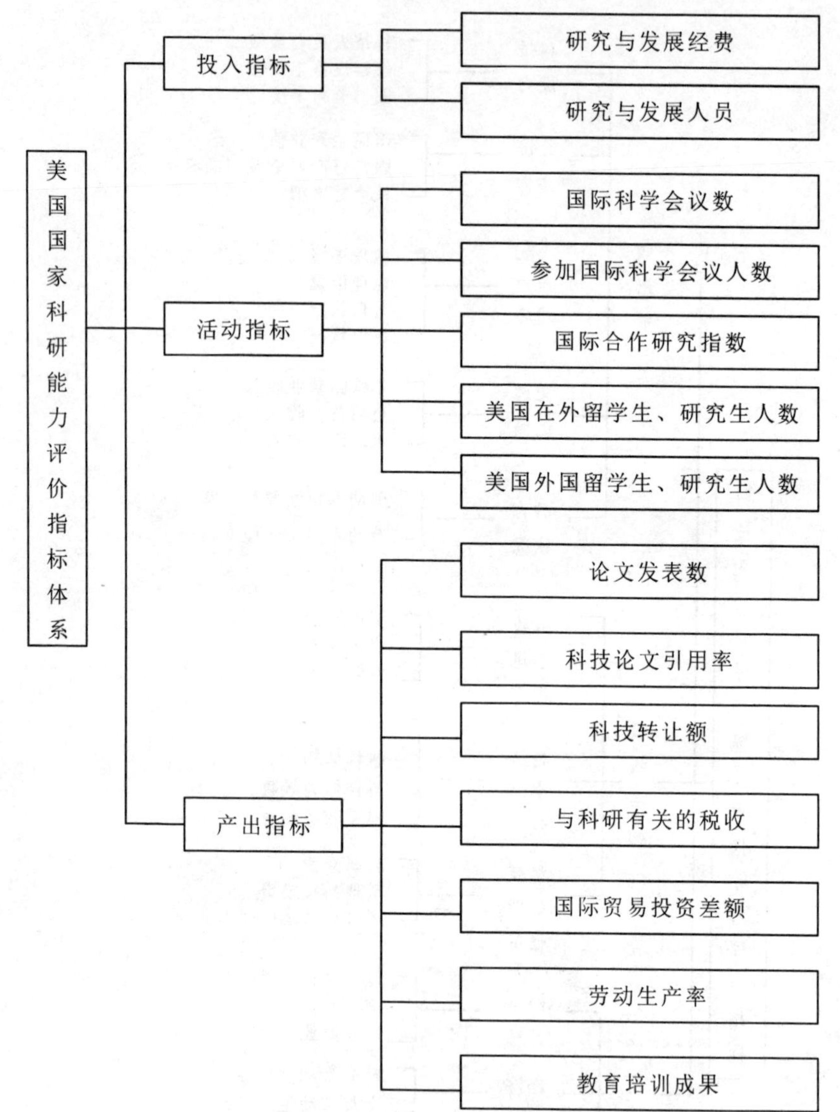

图7-3 美国国家科研能力评价指标体系

Fig 7-3 Evaluation Index System of American National Scientific Research Capacity

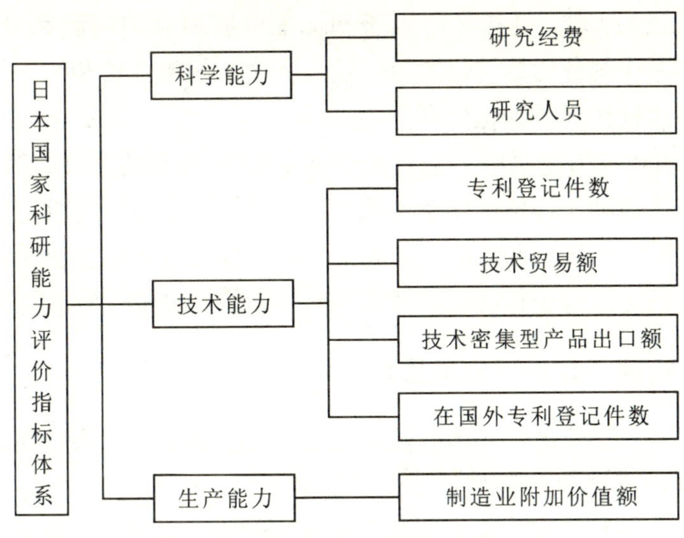

图 7-4 日本国家科研能力评价指标体系

Fig 7-4 Evaluation Index System of Japanese National Scientific Research Capacity

7.2 北京市林业科技进步贡献率影响因子的筛选

科技进步系统及其评价指标系统属于软系统，因此选择评价指标和评价标准时，既要能体现科技进步本身的发生、发展规律，还要体现其对经济、社会环境的作用，因此指标的选取和评价必须具有典型性、代表性和系统性。

7.2.1 影响因子筛选的原则

推动科技进步，是党中央、国务院实施科教兴国、可持续发展战略的一项基本工作，是实现我国社会、经济与环境协调发展和长治久安的根本大计。因此，科技进步影响因子的评价必须包括科技的战略地位以及和国民经济息息相关的特点，影响因子筛选的原则主要为：

(1)全面性原则。是指影响因子体系既能反映北京市林业科技进步的总体特征，又要能说明它的发展原因；在内容上，既要有绝对量指标，又要有相对量指标；在时序上，既要有静态指标，又要有动态指标。

(2)可比性原则。是指评价因子和标准应有明确的内涵和可度量性。由于因子体系中的各指标单位差异性较大，为了便于评价和统一计算，有时需要对各指标作无量纲化处理。

(3)简明和实用性原则。是指每个指标应有明确的含义，简便易算，尽量建立在已有的统计指标体系基础上，或者能从现实中找到代表值。

(4)决策性原则。是指因子体系应为林业科技进步提供决策参考，并能够对决策行为本身进行必要的评价判断，以促使决策行为不断完善。

7.2.2 影响因子体系建立的思路

人们对科技进步的影响因素及其相关作用机制至今仍不清楚，加之人们所处角度的不同，对科技进步的认识也有不同，赋予科技的含义也不同。因此建立一种专家、官员和基层人员共识的影响因子体系是本书研究的目标之一。本书通过征询专家、政府官员和林业科技工作者来完成评价指标体系的量化，并确定其权重，最终建立影响因子体系。

为此，本书首先确定影响北京市林业科技进步因子指标体系的层次，然后根据不同的层次确定其构成要素。在确定权重的时候，采用组合权重的方法最终确定每一个因子的权重。

7.2.3 影响因子体系的确定方法

评价指标筛选是根据 K. J 法、特尔斐法、会内会外法。特尔斐法是专家匿名填写意见后，进行统计处理，再把结果反馈给咨询专家的多轮协调收敛专家意见方法。由于特尔斐法的过程繁琐，周期长，耗资多，而会内会外法可以快速灵活地集中专家意见，因此本书结合特尔斐法使用会内会外法。它的做法基本上同特尔斐法，但将专家分作 2 组，一组是与会专家，先讨论，再填表(注明参加过会议)，另一组是未与会专家，只填表，2 组专家的咨询表格分开作统计处理，对处理结果如满意就结束，否则再重复一轮征询。

用专家咨询表的定量信息和定性信息进行统计分析，如果有 1/3 以上的专家认为某项指标一般或不重要，该指标即被淘汰，此外，对于权重很小的指标，并入相近指标中。经过 4 轮专家咨询，直到 70% 以上的专家认同，才列入指标体系，形成影响因子体系。

7.2.4 影响因子体系的建立

7.2.4.1 影响因子体系的初选

在对科技进步综合分析的基础上，建立影响因子体系。首先建立以科技的社会经济综合发展评价指标体系(图7-1)、科技的社会经济综合吸收能力评价指标体系(图7-2)、美国的国家科研能力评价指标体系(图7-3)、日本的国家科研能力评价指标体系(图7-4)为基础的预指标集，综合其他组织提供的因子指标和标准，在满足评价指标的客观策性和独立性的要求下，采取宁多勿缺的原则，尽可能多地搜集评价指标。在此基础上，再进行进一步的筛选和提炼。

7.2.4.2 影响因子体系的建立

在借鉴上面指标体系的基础上，邀请国家林业局、中国科技部、北京市园林绿化局、中国林科院、北京林业大学、西北农林科技大学、北京市基层林业工作者的专家学者30人，通过召开咨询会和问卷调查的形式进行指标确定。在咨询的时候，向各位被咨询者详细介绍指标体系的框架和各级指标，以及指标的内涵和量测方法，要求相关专家根据自己的知识和经验对评价指标体系框架，各级指标的重要性进行描述，并对初选评价指标进行归并和补充。在召开咨询会的时候，一般不打断发言。

如果有1/3以上的专家认为某项指标一般或不重要，该指标即被淘汰，此外，对于权重很小的指标，并入相近指标中。经过3轮专家咨询，直到70%以上的专家认同，才列入指标体系，形成影响因子体系。通过3轮的征询，确立了北京市林业科技进步贡献率影响因子的指标体系，结果见表7-1所示。

表 7-1 林业科技进步贡献率影响因子系统

Tab. 7-1 System of Contribution Rate of Forestry Sci-Tech Progress Influential Factors

北京市林业科技进步贡献率	科技进步基础	科技进步人力要素	专业技术人员占总从业人员比重 专业技术人员数中大专及以上毕业所占比重 从业人员中受大专以上教育所占比重
		科技进步财务要素	人均财政收入 科技固定资产净值 科研机构职工人均拥有科研仪器设备净值
		公众科技意识	每年举办科普展览、科普讲座次数 每万从业人员图书情报拥有量 每百从业人员电子计算机拥有量
		科研设备	固定资产(特别是科研仪器设备)的数量 科研机构内重点实验室级别和数量 工程技术中心的级别和数量
		政府扶持强度	政府每年的拨款额 人均得到的政府每年的拨款额
		科技进步环境	科技政策的完善 科技管理组织的协调 技术市场环境的培育 林业技术推广体系
	科技进步投入	人力投入	专业技术人员人均年培训次数 每年专业培训次数 每年新录入中大专及以上毕业专业技术人员数 每年国内外技术交流人次
		财力投入	科技活动经费支出总额 科技活动经费支出占 GDP 比重 每名科研人员科技活动经费 地方财政科技拨款占地方财政支出的比重 人均科普活动经费 科技活动经费占林业总产值比例

（续）

北京市林业科技进步贡献率	科技进步效果	产品创新	每年新产品种类 新产品销售收入占产品销售收入比重
		科研成果	林业院校和科研机构科技论文数 北京市获省、部级及以上林业奖励科技成果数 每万从业人员专利批准数 技术市场技术交易额 科技成果转化率
		科技进步促进社会经济发展	人均国民收入产值 GDP 比上年增长 科技进步贡献率 与科研有关的税收 万元工业总产值综合能耗指标

7.3 影响因子权重的确定

与第 6 章相同，通过层次分析法来确定各因子的权重，并且其结果要通过方差检验才可。但是由于最下面一级指标差异性很大，所以只作为定性的研究，在其上面一级的指标才作为定量研究。

权重确定的方法与 6.1.3 节相同，通过层次分析法来确定各因子的权重，并且其结果要通过方差检验才可。也是首先是特尔菲法的专家咨询，然后对他们的咨询结果进行层次分析法的计算和方差检验。

对通过方差检验后因子咨询值求取均值，即得到各因子的权重，具体结果见表 7-2。

表 7-2　北京市林业科技进步贡献率影响因子的权重

Tab. 7-2　Effect of Contribution Rate of Forestry Sci-Tech Progress Infulential Factors in Beijing

科技进步因子	占上一级指标的权重	最终权重
科技进步基础	0. 7214	0. 7214
科技进步投入	0. 2021	0. 2021
科技进步效果	0. 0765	0. 0765

（续）

科技进步因子	占上一级指标的权重	最终权重
科技进步人力要素	0. 1975	0. 1425
科技进步财力要素	0. 1715	0. 1237
公众科技意识	0. 1131	0. 08159
科研设备	0. 1732	0. 1249
政府扶持强度	0. 0942	0. 06796
科技进步环境	0. 2505	0. 1807
人力投入	0. 3527	0. 07128
财力投入	0. 6473	0. 1308
产品创新	0. 5125	0. 03921
科研成果	0. 3142	0. 02404
科技进步促进社会经济发展	0. 1733	0. 01236

从表7-2，图7-5、图7-6可以看出，北京市林业科技进步贡献率影响因子第一级因子作用大小排序为：科技进步基础(72. 14%)、科技进步投入(20. 21%)、科技进步效果(7. 65%)；第二级因子作用大小排序为：科技进步环境(18. 07%)、科技进步人力要素(14. 25%)、财力投入(13. 08%)、科研设备(12. 49%)、科技进步财力要素(12. 37%)、公众科技意识(8. 16%)、人力投入(7. 13%)、政府扶持强度(6. 80%)、产品创新(3. 92%)、科研成果(2. 40%)和科技进步促进社会经济发展(1. 24%)。

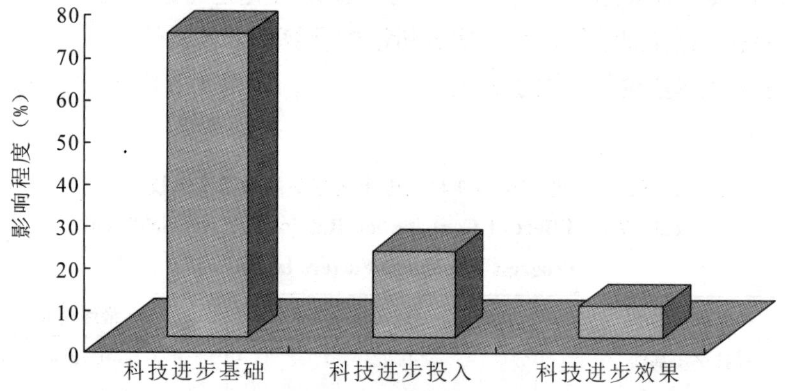

图7-5 北京市林业科技进步贡献率第一级影响因子的作用

Fig 7-5 Effect of Contribution Rate of Forestry Sci-Tech Progress Infulential Factors of the First Level in Beijing

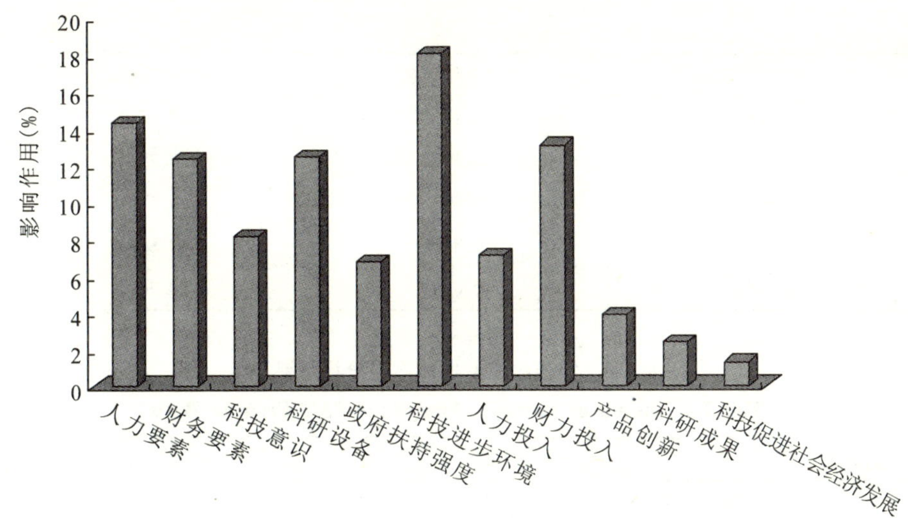

图7-6 北京市林业科技进步贡献率第二级影响因子的作用

Fig. 7-6 Effect of Contribution Rate of Forestry Sci-Tech Progress Infulential the Second Level in Beijing

7.4 北京市林业科技进步贡献率影响因子的分析研究

7.4.1 第一级影响因子的分析研究

7.4.1.1 科技进步基础

根据对30位专家的6轮征询，得到科技进步基础的方差分析表(表7-3，表7-4)。

表7-3 科技进步基础的方差分析数据表

Tab. 7-3 Data of Variance Analysis of S&T Progress Basis

自然科学家	社会科学家	实践工作者
0.9314	0.7454	0.7624
0.6774	0.7764	0.6912
0.6932	0.7694	0.8354
0.7764	0.6112	0.7524
0.5904	0.5942	0.7454

（续）

自然科学家	社会科学家	实践工作者
0.6842	0.7334	0.7594
0.6862	0.5942	0.7524
0.6012	0.6012	0.6794
0.6844	0.8374	0.8424
0.7802	0.6864	0.7694

表 7-4 科技进步基础的方差分析结果表

Tab. 7-4 Result of Variance Analysis of S&T Progress Basis

差异源	SS	df	MS	F	P-value	$F_\alpha(\alpha=0.05)$
组间	0.022322	2	0.011161	1.633226	0.214008	3.354131
组内	0.184514	27	0.006834			
总计	0.206836	29				
检验结果	$F\leqslant F_\alpha(\alpha=0.05)$					

北京市林业科技进步贡献率影响因子中科技进步基础包括科技进步人力要素、科技进步财务要素、公众科技意识、科研设备、政府扶持强度、科技进步环境，具体分析和研究见7.4.2节。

7.4.1.2 科技进步投入

根据对30位专家的6轮征询，得到科技进步投入的方差分析表(表7-5、表7-6)。

表 7-5 科技进步投入的方差分析数据表

Tab. 7-5 Data of Variance Analysis of S&T Progress Input

自然科学家	社会科学家	实践工作者
0.2401	0.3181	0.0919
0.0819	0.1719	0.2331
0.0819	0.0749	0.4121
0.1669	0.2261	0.2501
0.0749	0.2141	0.2261
0.2501	0.2431	0.1651

（续）

自然科学家	社会科学家	实践工作者
0.2571	0.3231	0.2571
0.1601	0.2331	0.0711
0.1649	0.3161	0.1671
0.1581	0.2609	0.1739

表 7-6 科技进步投入的方差分析结果表

Tab. 7-6 Result of Variance Analysis of S&T Progress Input

差异源	SS	df	MS	F	P-value	$F_\alpha(\alpha=0.05)$
组间	0.027882	2	0.013941	2.103364	0.141599	3.354131
组内	0.178954	27	0.006628			
总计	0.206836	29				
检验结果	$F \leqslant F_\alpha(\alpha=0.05)$					

北京市林业科技进步贡献率影响因子中科技进步投入包括人力投入、财力投入，具体分析和研究见7.4.2节。

7.4.1.3 科技进步效果

根据对30位专家的6轮征询，得到科技进步效果的方差分析表（表7-7、表7-8）。

表 7-7 科技进步效果的方差分析数据表

Tab. 7-7 Data of Variance Analysis of S&T Progress Result

自然科学家	社会科学家	实践工作者
0.1075	0.0563	0.0975
0.0493	0.0315	0.0925
0.0493	0.0345	0.1245
0.0905	0.1005	0.0415
0.0563	0.1005	0.1075
0.1245	0.1145	0.0175
0.0413	0.0885	0.0395
0.0393	0.1315	0.1353
0.0483	0.0325	0.1865
0.0455	0.0663	0.0463

表7-8　科技进步效果的方差分析结果表

Tab. 7-8　Result of Variance Analysis of S&T Progress Result

差异源	SS	df	MS	F	P-value	$F_\alpha(\alpha=0.05)$
组间	0.002816	2	0.001408	0.836997	0.443936	3.354131
组内	0.04542	27	0.001682			
总计	0.048236	29				
检验结果	$F\leqslant F_\alpha(\alpha=0.05)$					

北京市林业科技进步贡献率影响因子中科技进步效果包括产品创新、科研成果、科技进步促进社会经济发展，具体分析和研究见7.4.2节。

7.4.2　第二级影响因子的分析研究

根据表7-4计算的权重大小依次分析各影响因子：

7.4.2.1　科技进步环境

根据对30位专家的6轮征询，得到科技进步环境的方差分析表(表7-9、表7-10)。

表7-9　科技进步环境的方差分析数据表

Tab. 7-9　Data of Variance Analysis of S&T Progress Environment

自然科学家	社会科学家	实践工作者
0.2815	0.1303	0.2985
0.2985	0.2815	0.2153
0.3715	0.2625	0.1233
0.2745	0.3665	0.2915
0.1403	0.1303	0.3645
0.2745	0.2085	0.2135
0.2203	0.2133	0.1233
0.2885	0.2155	0.2065
0.1195	0.3055	0.3055
0.4605	0.2223	0.3093

表7-10 科技进步环境的方差分析结果表

Tab. 7-10 Result of Variance Analysis of S&T Progress Environment

差异源	SS	df	MS	F	P-value	$F_\alpha(\alpha=0.05)$
组间	0.008183	2	0.004092	0.556109	0.579865	3.354131
组内	0.198653	27	0.007358			
总计	0.206836	29				
检验结果	$F \leq F_\alpha(\alpha=0.05)$					

科技进步环境主要包括科技政策、科技管理组织、技术市场环境、林业技术推广体系等。科技政策是一个国家在一定历史时期的总目标下，为有计划、有组织地促进科学技术发展，并使科学技术更好地推动社会经济的发展而制定的发展科学技术的准则和主要措施等。

韦伯曾经总结了组织设计原则，并指出这些原则是组织设计的基本准则，对北京市林业科技管理具有直接借鉴意义的有：①明确的指挥系统，即在组织中明确规定必须遵守的上下级的指挥关系；②命令统一，要求组织中的每一个成员都必须向一个上级，而且只向一个上级负责；③组织管理的幅度要适宜；④授权必须明确，要使得上级和下级都明白什么是应该让下级自主决策，什么事情需要请示汇报，以及下级的绩效该如何评定等；⑤授权必须完全，以使每一个行动均有助于组织目标的实现；⑥职权和责任必须相等。强调管理应该避免多头管理，这样在明确的指挥系统下其管理绩效得到更大的提高。这些原则应批判性地应用到提高北京市林业科技管理工作中去。

目前，北京市林业技术市场发育迟缓，林业技术市场体系不健全。林业技术创新的成果是企业和林户的产品，而这些产品要开发、生产、推销或转让出去，就必须经过市场这个必不可少的核心渠道与连接环节。由于我国曾长期实行计划经济体制，林业的小农经济特征十分明显，小农户与大市场的矛盾十分突出，林业的技术市场几乎是一个空白。而且由于往往认为林业技术只具有公共属性，不承认林业技术的商品属性，林业技术在各单位之间主要靠行政命令无偿使用，市场的需求与供应之间始终未能得到有效对接。目前，北京市林业科技市场发展并不令人乐观，林业技术市场信息不完全，林业技术市场形式单一，还不能很好地将林业技术需方和林业技术供方有效地联系起来，促成它们有效、及时地进行交易。

林业技术推广体系是联系林业科学研究与林业生产环节的重要纽带，是科学技术成果向现实林业生产力进行转化的有效途径。没有完善的林业技术推广体系，就不会有林业生产的较快发展，林业科技进步贡献率就难以提高；相反，良好的林业技术推广体系的建立，会有效促使林业技术顺利、迅速地渗透和转化到林业生产中去。因此，不断加强林业技术推广体系的建设，不仅是发展林业经济的重要措施，而且也是加快林业技术进步和促使传统林业向现代林业转换的内在需要。林业技术推广体系的建立，应适应市场经济发展的需要。完善的林业技术推广体系，是确保林业生产力水平不断提高的重要条件，对加速林业经济快速发展具有重要作用。

7.4.2.2 科技进步人力要素

根据对30位专家的6轮征询，得到科技进步人力要素的方差分析表（表7-11、表7-12）。

表7-11 科技进步人力要素的方差分析数据表

Tab. 7-11 Data of Variance Analysis of Human Resources

自然科学家	社会科学家	实践工作者
0.0703	0.3135	0.2525
0.2525	0.2215	0.2285
0.2285	0.0773	0.0873
0.1693	0.2215	0.2095
0.1555	0.1673	0.0703
0.1603	0.3185	0.1623
0.0773	0.2385	0.4075
0.2355	0.2563	0.1605
0.0665	0.2455	0.2455
0.3115	0.1535	0.1625

表 7-12 科技进步人力要素的方差分析结果表

Tab. 7-12 Result of Variance Analysis of Human Resources

差异源	SS	df	MS	F	P-value	$F_\alpha(\alpha=0.05)$
组间	0.011837	2	0.005918	0.819473	0.451326	3.354131
组内	0.194999	27	0.007222			
总计	0.206836	29				
检验结果	$F \leqslant F_\alpha(\alpha=0.05)$					

科技进步人力要素不仅与人才的总量有关，更与其结构的合理性和素质的高低紧密联系。科技进步人力要素从事的工作多种多样，但按工作性质分主要分为为从事科技管理、科研活动和科技服务三类。不同的工作岗位都有重要意义，但同样数量的专业技术人才由于分类结构不同，也影响机构发展后劲。因此，北京市在发展林业科技时，必须要考虑这方面的因素。

7.4.2.3 财力投入

根据对 30 位专家的 6 轮征询，得到财力投入的方差分析表(表 7-13、表 7-14)。

表 7-13 财力投入的方差分析数据表

Tab. 7-13 Data of Variance Analysis of Capital Input

自然科学家	社会科学家	实践工作者
0.6783	0.6613	0.6953
0.6633	0.6953	0.6713
0.6271	0.6271	0.6713
0.6171	0.6783	0.6683
0.5201	0.6053	0.6883
0.6103	0.6593	0.7023
0.6853	0.7023	0.6573
0.6371	0.6033	0.6121
0.6101	0.6201	0.6191
0.6163	0.6123	0.7061

表7-14 财力投入的方差分析结果表

Tab. 7-14 Result of Variance Analysis of Capital Input

差异源	SS	df	MS	F	P - value	$F_{\alpha}(\alpha=0.05)$
组间	0.009103	2	0.004552	2.941916	0.069847	3.354131
组内	0.041773	27	0.001547			
总计	0.050876	29				
检验结果	$F \leq F_{\alpha}(\alpha=0.05)$					

我国林业科技进步的资金严重缺乏，资金不足一直是制约林业科技发展的一个大问题。北京市的科技进步的财力投入还不适应北京市林业的地位。一方面是林业企业规模小、效益低从而导致自有资金短缺，另一方面林业企业由于效益差、信用低又难以向社会和银行筹集资金，再加上政府在这方面的资金投入也很有限。因此，不少林业企业想开展技术创新，因资金缺乏而只能遗憾放弃。这不仅影响了林业企业的信心和积极性，而且使林业企业失掉了许多难得的发展机会，从而直接影响了林业企业核心竞争力的形成。

林业科技的财力投入是林业科技发展的重要保障，这就需要完善资本保障体系。技术创新过程就是投入生产资源以换取不确定的回报的过程。为了确保科技创新项目获得源源不断的资金供应，必须在不断加大科研投入的同时，明确规定已完成技术创新项目所产生的经济收益必须有一定比例用于新项目开发。只有如此，才能不断地用新技术、新产品取代趋于过时的旧技术、旧产品，确保创新活力和竞争力。

7.4.2.4 科研设备

根据对30位专家的6轮征询，得到科研设备的方差分析表(表7-15、表7-16)。

表 7-15 科研设备的方差分析数据表

Tab. 7-15 Data of Variance Analysis of Scitific Research Equipment

自然科学家	社会科学家	实践工作者
0.063	0.2142	0.2212
0.1312	0.1852	0.1972
0.053	0.2892	0.2872
0.046	0.1362	0.2042
0.3832	0.143	0.053
0.2282	0.2942	0.046
0.2282	0.2212	0.1972
0.145	0.2042	0.2112
0.138	0.1292	0.232
0.0422	0.1382	0.136

表 7-16 科研设备的方差分析结果表

Tab. 7-16 Result of Variance Analysis of Scitific Research Equipment

差异源	SS	Df	MS	F	P-value	$F_\alpha(\alpha=0.05)$
组间	0.012754	2	0.006377	0.88718	0.423481	3.354131
组内	0.194082	27	0.007188			
总计	0.206836	29				
检验结果	$F \leq F_\alpha(\alpha=0.05)$					

科研设备是科技活动的重要物质基础，它通常包括固定资产(特别是科研仪器设备)的数量、结构和质量。同时，科研机构内重点实验室、工程技术中心的级别高低、数量多少本身等反映了不同的实力。北京市林业科研设备状况还不能满足当前林业科技发展的要求，迄今，还没有属于北京市园林绿化局的高规格的重点实验室，缺乏大型先进的科研设备，因此需加强科研设备的储备和利用，以提高科技为社会经济服务的能力。

7.4.2.5 科技进步财力要素

根据对 30 位专家的 6 轮征询，得到科技进步财力要素的方差分析表(表 7-17、表 7-18)。

表 7-17 科技进步财力要素的方差分析数据表

Tab. 7-17 Data of Variance Analysis of S&T Advance Financial Factor

自然科学家	社会科学家	实践工作者
0. 1295	0. 0613	0. 2125
0. 1413	0. 2925	0. 2265
0. 2855	0. 2195	0. 2025
0. 0513	0. 1955	0. 2095
0. 2025	0. 0513	0. 0443
0. 0443	0. 1835	0. 2265
0. 1275	0. 1343	0. 1955
0. 2195	0. 1345	0. 1363
0. 2303	0. 3815	0. 2875
0. 1365	0. 0405	0. 1433

表 7-18 科技进步财力要素的方差分析结果表

Tab. 7-18 Result of Variance Analysis of S&T Advance Financial Factor

差异源	SS	df	MS	F	P - value	$F_{\alpha}(\alpha=0.05)$
组间	0. 005067	2	0. 002533	0. 339021	0. 715457	3. 354131
组内	0. 201769	27	0. 007473			
总计	0. 206836	29				
检验结果	$F \leqslant F_{\alpha}(\alpha=0.05)$					

北京市林业科技的发展离不开财力的支持，如今林业科技的财力要素主要包括科学事业费、课题经费拨款、自筹经费三项指标。科学事业费反映研究开发机构人头经费；课题经费分解为政府拨款和自筹两类，二者对反映研究开发机构的经济实力和自立能力有不同的意义。课题经费拨款主要指科技专项费和科学技术基金，自筹经费指研究开发组织从技术性收入和生产经营收入中提取并用于科技投入的数额。在保证课题经费拨款的前提下，鼓励多种渠道的自筹经费。

7.4.2.6 公众科技意识

根据对30位专家的6轮征询，得到公众科技意识的方差分析表(表7-19、表7-20)。

表 7-19 公众科技意识的方差分析数据表

Tab. 7-19 Data of Variance Analysis of Public Scientific consciousness

自然科学家	社会科学家	实践工作者
0.1611	0.1341	0.1251
0.0929	0.1441	0.0929
0.1371	0.0029	0.0711
0.0759	0.0779	0.1541
0.0859	0.1611	0.1441
0.1291	0.1271	0.1681
0.1511	0.0859	0.1719
0.0761	0.0829	0.0691
0.1681	0.1371	0.1231
0.0781	0.0821	0.0849

表 7-20 公众科技意识的方差分析结果表

Tab. 7-20 Result of Variance Analysis of Public Scientific consciousness

差异源	SS	Df	MS	F	P-value	$F_{\alpha}(\alpha=0.05)$
组间	0.001516	2	0.000758	0.445274	0.645269	3.354131
组内	0.04596	27	0.001702			
总计	0.047476	29				
检验结果	$F \leq F_{\alpha}(\alpha=0.05)$					

在全国范围内，公众科技意识是比较薄弱的，突出表现为不尊重科学、不尊重知识、不尊重知识分子。即使是北京这样一个科技意识在全国属于前列的地区，公众的科技意识也有待提高。公众科技意识的淡薄对科技的发展是消极的。尤其是单位领导科技意识的缺乏，对科技进步的实现影响更大、更直接。

7.4.2.7 人力投入

根据对30位专家的6轮征询，得到人力投入的方差分析表(表7-21、表7-22)。

表7-21 人力投入的方差分析数据表

Tab. 7-21 Data of Variance Analysis of Human Input

自然科学家	社会科学家	实践工作者
0.4077	0.3767	0.3175
0.3225	0.2325	0.4007
0.2255	0.3647	0.2425
0.3155	0.5627	0.3837
0.3177	0.3937	0.3767
0.2255	0.4077	0.2325
0.3837	0.3157	0.4737
0.4007	0.4687	0.4667
0.3107	0.2217	0.3907
0.4115	0.3245	0.3087

表7-22 人力投入的方差分析结果表

Tab. 7-22 Result of Variance Analysis of Human Input

差异源	SS	df	MS	F	P - value	$F_\alpha(\alpha=0.05)$
组间	0.006689	2	0.003345	0.451204	0.641576	3.354131
组内	0.200147	27	0.007413			
总计	0.206836	29				
检验结果	$F\leqslant F_\alpha(\alpha=0.05)$					

目前，北京市林业从业人员还是以初中学历的人员为主，这极大地影响了林业科技进步水平的提高。因此，北京市林业要实现跨越式发展亟待解决林业的科技人才投入问题。这首先包括招聘比较高学历的人员从事林业生产、管理、销售等活动，提高从业者素质。其次是进行技术培训，这就需要保证每年用于技术培训以及与科技相关的合作交流的经费，包括政府拨款收入和企业的各种与科技相关的投入。

7.4.2.8 政府扶持强度

根据对30位专家的6轮征询，得到政府扶持强度的方差分析表(表7-23、表7-24)。

表 7-23 政府扶持强度的方差分析数据表

Tab. 7-23 Data of Variance Analysis of Government Support

自然科学家	社会科学家	实践工作者
0. 1492	0. 0522	0. 064
0. 067	0. 1492	0. 1252
0. 1352	0. 1322	0. 074
0. 1182	0. 067	0. 0572
0. 1102	0. 074	0. 153
0. 059	0. 1252	0. 1182
0. 1152	0. 1042	0. 0592
0. 066	0. 0502	0. 057
0. 1422	0. 084	0. 1082
0. 0422	0. 0632	0. 1062

表 7-24 政府扶持强度的方差分析结果表

Tab. 7-24 Result of Variance Analysis of Government Support

差异源	SS	Df	MS	F	P-value	$F_\alpha(\alpha=0.05)$
组间	0. 000593	2	0. 000297	0. 22726	0. 798222	3. 354131
组内	0. 035243	27	0. 001305			
总计	0. 035836	29				
检验结果	$F \leqslant F_\alpha(\alpha=0.05)$					

林业的公益性和长周期性特点决定了政府扶持的必要性，要实现林业科技进步离开政府扶持是不行的。应该说，政府对林业的重采轻予产业政策的结果之一就是其扶持强度比较弱。这导致目前北京市林业科技存在以下几个问题：一是林业科技投入严重不足，科技投入渠道不多，还未形成鼓励、吸引、扩大全社会多种形式、多种渠道科技投入的体系和良性循环机制；二是林业技术成果产品化、商品化前期工作缺乏引导资金；三是中试薄弱，投入更小，成果不能有效转化。但现在由于我国社会主义市场体制正在不断完善，而且，政府扶持的一些科研成果在商业化和产业化方面还存在不足。因此，北京市林业科技管理部门需要采取切实可行的措施解决这个问题。

7.4.2.9 产品创新

根据对30位专家的6轮征询，得到产品创新的方差分析表(表7-25、表7-26)。

表7-25 产品创新的方差分析数据表

Tab. 7-25 Data of Variance Analysis of Product Innovation

自然科学家	社会科学家	实践工作者
0.4823	0.5245	0.5365
0.5365	0.3923	0.3853
0.5435	0.7225	0.5505
0.3923	0.5605	0.4753
0.5675	0.4023	0.4705
0.3853	0.4773	0.5675
0.5605	0.5535	0.4755
0.4775	0.4843	0.6335
0.3815	0.6265	0.6285
0.4685	0.5435	0.5713

表7-26 产品创新的方差分析结果表

Tab. 7-26 Result of Variance Analysis of Product Innovation

差异源	SS	df	MS	F	P-value	$F_\alpha(\alpha=0.05)$
组间	0.016364	2	0.008182	1.159823	0.328676	3.354131
组内	0.190472	27	0.007055			
总计	0.206836	29				
检验结果	$F\leqslant F_\alpha(\alpha=0.05)$					

通过产品创新得到各项成果和收入对促进科技进步效果明显，其内容包括每年新产品种类、新产品销售收入占产品销售收入比重等。根据北京市平谷县的实践情况，林果新产品为平谷县的林业发展起到了极大的推动作用，也极大地提高了林业科技进步贡献率。

7.4.2.10 科研成果

根据对30位专家的6轮征询，得到科研成果的方差分析表(表7-27、表7-28)。

表7-27 科研成果的方差分析数据表

Tab. 7-27 Data of Variance Analysis of Scientific Fruit

自然科学家	社会科学家	实践工作者
0.2702	0.2792	0.4282
0.194	0.373	0.279
0.284	0.187	0.3522
0.4352	0.4302	0.2772
0.187	0.3622	0.194
0.2722	0.277	0.1832
0.3692	0.3452	0.5242
0.3622	0.204	0.286
0.3382	0.3552	0.3452
0.3382	0.3262	0.3692

表7-28 科研成果的方差分析结果表

Tab. 7-28 Result of Variance Analysis of Scientific Fruit

差异源	SS	df	MS	F	P - value	F_{α} (α = 0.05)
组间	0.001769	2	0.000885	0.116457	0.890513	3.354131
组内	0.205067	27	0.007595			
总计	0.206836	29				
检验结果	$F \leqslant F_{\alpha}$ (α = 0.05)					

北京市林业的科研成果静态指标包括四方面：①专利。我国专利分为三种，即发明专利、实用新型和外观设计；②科技论著。这是评价基础研究类型机构和从事基础研究的科技人员的最主要的产出指标。科技论文包括国际、国内会议征文及在国际刊物、国内核心刊物和国内一般刊物上正式发表的论文篇数。科技专著要以字数来反映，并区分中文和外文；③登记成果。主要反映研究开发机构本年鉴定成果的数量、水平及其应用情

况；④科技奖励。主要反映本年度获奖成果的数量和水平，获奖成果的水平用获奖等级反映。

北京市林业的科研成果动态指标包括科技成果转化。林业科技成果产出这个指标是林业科技实力大小的重要指标之一，它同时又因作为技术创新能力的表征指标而在衡量评估技术进步贡献率中作用突出。北京市林业这方面的问题在于其扩散能力较弱，使科技成果不能充分地在生产中得到应用，发挥作用。

7.4.2.11 科技进步促进社会经济发展

根据对30位专家的6轮征询，得到科技进步促进社会经济发展的方差分析表(表7-29、表7-30)。

表7-29 科技进步促进社会经济发展的方差分析数据表

Tab. 7-29 Data of Variance Analysis of S&T Effect on Social and Economic Development

自然科学家	社会科学家	实践工作者
0. 1381	0. 2113	0. 2143
0. 2043	0. 2943	0. 0461
0. 2213	0. 0531	0. 1361
0. 0461	0. 1853	0. 2873
0. 1973	0. 0631	0. 0531
0. 1973	0. 2283	0. 3833
0. 1431	0. 1313	0. 1363
0. 2321	0. 2893	0. 2043
0. 1293	0. 0423	0. 1451
0. 2283	0. 2213	0. 1383

表7-30 科技进步促进社会经济发展的方差分析结果表

Tab. 7-30 Result of Variance Analysis of S&T Effect on Social and Economic Development

差异源	SS	df	MS	F	P-value	$F_\alpha(\alpha=0.05)$
组间	3. 21E-05	2	1. 61E-05	0. 002097	0. 997905	3. 354131
组内	0. 206804	27	0. 007659			
总计	0. 206836	29				
检验结果	$F\leq F_\alpha(\alpha=0.05)$					

科技进步促进社会经济发展指标包括人均国民收入产值、GDP 比上年

增长、科技进步贡献率、与科研有关的税收、万元林业产值综合能耗。耗能的高低一直是工业技术水平和经济效益的重要标志。与发达国家相比，我国林业的万元总产值综合能耗是比较高的，这由我国的技术经济水平所决定。在国民经济各项产业中，林业是比较落后的，工业化程度较低，劳动生产率亦低，反映在万元工业总产值综合能耗指标上，能耗水平一直居高不下，这对技术进步贡献率的影响是消极的。虽然科技进步促进社会经济发展非常重要，但是这更多的是科技进步贡献率的效果，而其作为科技进步贡献率影响因子的权重却并不大。

第8章

北京市林业科技发展的政策建议

8.1 北京市林业科技发展面临的机遇和挑战

21世纪初的北京市林业，呈现出了生机勃勃的良好发展势头，同时也正处于加快发展的关键时期和结构调整的转折时期。政府对林业高度重视，社会各界对林业空前关注，林业发展面临着前所未有的历史机遇，具体表现在以下几个方面：

一是《国民经济和社会发展第十个五年计划纲要》首次用专门篇幅对生态建设作了充分论述，强调“要把改善生态、保护环境作为经济发展和提高人民生活质量的重要内容。”国务院批准启动的六大林业重点工程纳入了《国民经济和社会发展第十个五年计划纲要》，它们作为新世纪国家林业形象工程，向世界展示了中国政府和人民整治国土、改善环境、实现可持续发展的坚强决心。因此，林业生产建设的中心任务正在由过去的以木材生产加工为主转向以植树造林、森林管护、建设和改善生态环境为主。

二是国家林业局正按照党中央、国务院的总体部署，大力推进林业行业自身的改革和生产力布局的战略性调整，提出要以大工程带动大发展，实现新世纪林业的跨越式发展。这给新世纪林业科技的发展以十分明确的定位。首先，要实现林业的跨越式发展，就必须实现林业科技的跨越式发展。科学技术是第一生产力，林业无论采取哪种途径实现跨越式发展，归根到底都必须依靠林业科技的跨越式发展。其次，要提高六大林业重点工程建设的质量和效益，就必须依靠科技进步和创新。林业六大重点工程，是新时期林业建设的重中之重，要以科技为依托，以创新促发展，集全行业智慧重点抓好。最后，要改变林业自身的落后面貌，也必须大力推进全行业科技进步。当前，我国林业还处在社会主义初级阶段的较低层次，林业建设远远不能适应社会经济可持续发展的要求，是国家建设中一个的薄弱环节。而我国现有的林业科技水平同林业发达国家相比，同国内其他行业相比，都是比较落后的。可以说，科技落后已成为影响我国林业长远发展的重要制约因素。这些对北京市林业发展具有指导性意义。

可见，北京市林业的性质和定位已经发生变化，因此，对科技工作提出了新的要求。全面提高首都生态建设水平，改善城市环境质量，把北京建成“空气清新，环境优美，生态良好”的国际化大都市，率先在全国基本实现林业现代化，是新世纪首都赋予林业发展的历史重任，这也是北京市林业科技的历史机遇。北京市林业科技必须为此做好充分的技术准备，为林业发展提供强有力的支撑。

但当前林业发展面临的客观问题给林业科技工作提出了新课题和挑战。一是森林资源总量不足，林分质量不高，树种林种结构单一，生态景观效果与首都地位及现代城市形象要求相差甚远。大力增加森林资源，引进培育优新品种，提高首都绿化美化的景观生态效果和森林的生态防护功能，是首都林业发展对科技的迫切需求；二是森林资源监测、管护的现代技术推广力度不够，与日益加重的巩固造林绿化成果形势不相适应；三是北京市今后荒山造林和生态治理条件日趋恶劣，建设任务越来越重。推广先进实用技术，提高防沙治沙、水源涵养、水土保持林建设质量，有效遏制自然灾害，急待林业科技的突破；四是林业产业建设中初级产品多、精深加工产品少的传统结构仍未得到有效改变。果树、花卉、种苗等产业发展过程中，规模化、标准化、设施现代化等技术问题，需要科技的全面介入和支撑。

8.2 主要政策建议

8.2.1 建立和完善科技创新体系

21 世纪是知识经济的时代，没有创新林业就难以发展，北京市林业科技的发展应通过引进消化和自主创新的有机结合，建立和完善北京市林业科技创新体系。通过内引外联，走有中国特色的林业自主创新水平，加快提高林业科技自主创新水平，以此应对新一轮科技革命和产业革命的挑战。要建立科技兴林示范县、示范林场、示范区和示范点(园)的系列示范基地。进一步完善市、区(县)、乡镇三级林业科技推广体系，确保机构、稳定队伍、增加投资，并积极寻求科技推广的最优运行机制，采用多种灵活的推广和服务手段，使林业科技成果尽快转化为生产力。鼓励和培育社会化科技服务体系，支持发展专业协会、学会、合作组织等基层服务组织，引导他们上联科研、推广、生产单位，下联林农、生产者，实现产前、产中、产后一条龙服务，推动科技服务组织向专业化、产业化和企业化的经济实体发展。加强科技管理，市县各级林业主管部门都要有一定的科技管理人员，不断强化综合协调和服务职能，加大宣传力度，制定并实施规范科学的管理办法，逐步形成规范化、科学化的林业科技管理体系。加强林业质量技术监督机构、队伍和监督检测中心建设，逐步建立林业科技监督体系。加快林业科技信息服务体系建设，实现林业政务信息社会化和森林资源动态监测信息化。

8.2.2　强化科技兴林

努力提高林业科技贡献率和林业科技成果转化率，重点抓好林业科技试验示范建设和林业科技推广工作。在工程造林中，要强化设计，丰富造林材料，扩大推广良种壮苗，重点地区造林良种率达到60%以上。继续探索造林营林机制的改革，对重点绿化工程用苗、林木抚育机械等设备，继续推行政府采购；规范租赁、承包、股份制造林行为，实行造林工程监理制和合同制。制定北京市重点生态工程建设规划和造林工程标准、中幼林抚育技术规程等。利用首都的科技、人才和区位优势，积极开展国内和国际间的林业科技合作与交流。加大信息等现代科学技术在林业建设中的应用，加快首都林业信息化网络建设进程，推动“数字首都林业”的发展，全面推进首都林业的现代化建设。

8.2.3　加强科技与生产的结合

以林业重点工程为突破口，强化科技支撑，在重点工程建设中，以提高工程建设科技含量为中心，大力推广工程适用的先进技术，围绕工程建设的重点、难点和关键技术开展科技攻关，加强工程质量技术监督。要加强对重点工程的科技支撑的领导和对重点工程科技支撑方案的审定、管理、实施，保证工程建设目标的实现，提高工程建设的科技含量和建设质量。

8.2.4 增加林业科技投入

要逐步形成多渠道、多形式、多层次的科技投入体系。一是在重点工程建设投资中安排不低于3%的资金，用于本项目的可持续发展措施的研究和示范；二是增加科技事业费、科技基础设施建设费等；三是利用税收、价格等优惠政策，吸引社会团体、民营企业等以资金入股方式与科技推广机构合作，共同做好科技工作。

8.2.5 加强国内外科技交流与合作

北京是全国科技机构最集中，知识、信息和人才最密集的城市之一，要充分利用首都科技整体优势，北京林业部门应主动联系在京中央研究机构、大专院校、市有关部门和市政府专家顾问团以及专业学会，鼓励专家学者积极参与我市林业科研攻关、技术开发、技术咨询、技术培训、技术推广等工作。支持各单位与科研单位合作，通过合作研究开发，解决林业技术水平不高、技术手段落后等问题，培养一批高水平的科技人才。积极开展国内外智力引进和科技交流，通过引进技术、人才和管理经验，通过派出学习、参观、考察等多种形式，加强国际科技合作与交流，并建立相应的智力引进示范基地，推动全市林业发展。加强与林业发达国家在科技前沿领域的合作，缩小首都林业科技与世界先进水平的差距。

8.2.6 加强人才培训

科技兴林，关键是人才。要创造尊重知识、尊重人才的良好环境。积极吸引科技人员参与科研、开发、推广计划和重大项目调研论证和实施，充分发挥他们的潜能。建立分层次、分类别、多渠道、多形式、重实效的培训新机制，造就一支科技人才和专业技术能手队伍。

坚持对专业技术人员进行新理论、新技术、新知识、新方法的教育，使专业技术人员的知识和技能不断得到更新、补充、拓展和提高，完善知识结构，提高创新能力和专业技术水平。

坚持对不同工种、不同级别的技术工人进行技术等级培训和考核，职业技能培训及在岗、转岗培训等。持证上岗，培养一支具有良好职业道德、有一定理论基础和生产操作能力的适应现代林业发展的人员队伍。

坚持对林(果)农进行技术职称考评培训、实用技术培训和“绿色证书”培训，提高农民的文化素质和生产经营管理水平。建立一支以农民技术员为主体、技师为骨干的有文化、懂技术、善经营的农民技术队伍。

制定培养、吸引和使用人才的政策，对有贡献的人员给予奖励。鼓励科技人员以技术入股、技术承包等形式发展科技产业。进一步加强科普宣传工作，利用多种形式、因地制宜、灵活多样地开展科普活动，大力宣传普及科技知识、科学方法和科学思想。

8.2.7 加强领导

林业科技是贯穿林业生产全过程的系统工作，林业方面有关各级领导应该不断强化科技意识，自觉地把科技工作纳入议事日程，作为一项重要工作来抓。始终把推进林业科技进步放在林业发展的优先地位，做到第一把手亲自抓。特别要在组织机构、人员队伍、增加投入等方面切实加强领导，增加支持力度，把科技兴林落到实处。

参考文献

[1] Battese, G. E. and Coelli. T. J.. Frontier Production Functions, Technical Efficiency and Panel Data With A pplication to Paddy Farmers in India[J]. Journal of Productivity Analysis, 1992(3): 153～169.

[2] Charnes A, Cooper W. W. Golang B.. Foundations of Data Envelopment Analysis For Pareto-Koopmans Efficient Empirical Production Functions[J]. Journal of Econometrics, 1985(30): 91～107.

[3] Fan S.. Effects of Technological Change and Institutional Reformon Production Growth in Chinese Agriculture[J]. American Journal of Agricultural Economics, 1995(2): 266～275.

[4] Huang Jikun, Scott Rozelle.. Technological Change: the Recovery of the Engine of Productivity Growth in China's rural Economy[J]. Journal of Development Economics, 1996(9): 337～369.

[5] Kumbhakap. S. C., Lovell. C. A.. Stochastic Frontier Analysis[M]. Cambridge University Press, 2000.

[6] Solow, Robert M.. A contribution to the Theory of Economic Growth[J]. Quarterly Journal of Economics, 1956 (70): 65～94.

[7] 陈凯. 农业技术进步的测度——兼评《我国农业科技进步贡献率测算方法》[J]. 农业现代化研究, 2000(2): 124～128.

[8] 陈鹏程, 李建勋. 农业技术进步贡献率研究综述[J]. 南方农业, 2007(2): 56～59

[9] 陈琪. 企业科技进步与经济增长研究[M]. 北京: 中国经济出版社, 2000.

[10] 丹尼森. 增长因素分析的应用. 经济增长因素分析[M]. 北京: 商务印书馆, 1991.

[11] 杜栋, 庞庆华. 现代综合评价方法和案例分析[M]. 北京: 清华大学出版社, 2003.

[12] 杜旭光. 运用替代指标测算农业技术进步贡献率[J]. 江苏统计, 1997(10): 15～16, 35.

[13] 樊胜根, 张林秀. WTO 和中国农村公共投资[M]. 北京: 中国农业出版社, 2003.

[14] 顾焕章, 王培志. 农业技术进步对农业经济增长贡献的定量研究[J]. 农业技术经济, 1994(5): 11～13.

[15] 顾焕章. 农业技术经济(第2版)[M]. 北京: 中国农业出版社, 1995.

[16] 国家科学技术委员会. 中国农业科学技术政策[M]. 北京: 中国农业出版社, 1997.

[17] 国家林业局. 中国林业统计指标解释[M]. 北京: 中国林业出版社, 2000.

[18] 郝利, 韩孟华, 周连第. 1990～2007 年北京市农业科技进步贡献率的测算[J]. 农业技

术经济，2010(3)：89～96.

[19] 贺顺钦，王发其，李俊涛. 关于促进林业科技成果转化工作的思考[J]. 林业经济，2006(4)：56～58.

[20] 黄鹤羽，刘效章. 中国林业科学技术50年[M]. 北京：中国环境科学出版社，1999.

[21] 黄鹤羽，王志学. 中国林情[M]. 北京：开明出版社，2000.

[22] 黄鹤羽，李智勇，林泽攀，等. 科技进步对林业经济增长作用分析与定量测算的研究[M]. 北京：科学技术文献出版社，1995.

[23] 江泽慧. 中国现代林业(第二版)[M]. 北京：中国林业出版社，2008.

[24] 江泽慧. 着力推进科技创新 确保实现林业发展和生态文明目标[J]. 中国产业，2010(4)：6～7.

[25] 蒋和平，苏基才. 1995～1999年全国农业科技进步贡献率的测定与分析[J]. 农业技术经济，2001(5)：12～13.

[26] 靳贞来. 对CD生产函数测算农业技术进步贡献率方法的探讨[J]. 华东经济管理，2003(4)：51～52

[27] 李昌珠. 林业科技创新能力建设的构架与对策[J]. 湖南林业科技，2009(5)：45～48.

[28] 李京文，郑友敬. 技术进步与经济效益[M]. 北京：中国财政出版社，1989.

[29] 李京文，钟学义. 中国生产率分析前沿[M]. 北京：社会科学文献出版，2006.

[30] 李林杰，王红涛. 加快农业科技进步 推进现代农业发展——基于我国“十五”时期农业科技进步贡献率的实证分析[J]. 农业现代化研究，2008(2)：163～167.

[31] 李育才. 面向21世纪的林业发展战略[M]. 北京：中国林业出版社，1996

[32] 李子奈，潘文卿. 计量经济学[M]. 北京：高等教育出版社，2005.

[33] 连坡. “九五”陕西林业科技进步贡献份额的测算[J]. 西北林学院学报，2006(2)：20～22.

[34] 梁俊芬. 农业技术进步贡献研究综述[J]. 安徽农学通报，2005(4)：17～18，21.

[35] 凌远云，郭犹焕，魏小梅. 对CD生产函数测度农业技术进步贡献率的质疑和改进思路[J]. 中国农村经济，1997(2)：24～25.

[36] 刘丹，吴进明. 云南省农业科技进步贡献率的测算和分析[J]. 云南农业大学学报(社会科学版)，2008(5)：18～21，67.

[37] 龙永彬，谢正生，梁柏. 广东省林业科技进步贡献率比较分析[J]. 广东林业科技，2010(4)：72～76.

[38] 吕婷婷. 科技进步对山东省经济发展推动作用研究[D]. 济南：山东师范大学，2004.

[39] 罗伯特·M·索洛. 经济增长因素分析[M]. 北京：商务印书馆，1991.

[40] 孟祥云. 科技进步与经济增长互动影响研究[D]. 天津：天津大学，2004.

[41] 慕宗昭，房用. 试用增长速度方程测算林业技术进步贡献率[J]. 山东林业科技，2008

(1)：30～31.

[42] 乔根森. 生产率变化的解释，经济增长因素分析[M]. 北京：商务印书馆，1991.

[43] 邱俊齐. 林业经济学[M]. 北京：中国林业出版社，1998

[44] 苏志雄. 科技进步对中国经济增长的贡献分析[D]. 阜新：辽宁工程技术大学，2005.

[45] 田晓琴，范勇. 贵州省农业科技进步贡献率的测算与分析[J]. 贵州农业科学. 2010(6)：223～226.

[46] 汪晓萍，周小玲，邓绍宏，等. AHP法计算湖南“十五”林业科技进步贡献率[J]. 湖南林业科技，2005(4)：8～12.

[47] 王锐. 技术进步与南京工业经济增长——基于统计分析的实证研究[D]. 南京：东南大学，2004.

[48] 王征国. 农业科技传播理论与实践[M]. 北京：中国农业科学技术出版社，2007.

[49] 翁新光，余建安，张玉良. 安徽省林业科技进步贡献率的测算研究及其分析[J]. 林业经济问题，1998(5)：40～44.

[50] 吴成亮，高岚，袁功英，等. 林业科技进步贡献率测算方法的比较研究[J]. 北京林业大学学报(社会科学版)，2007(4)：56～59.

[51] 吴成亮，席璐，侯宁. 我国林业科技推广体系的构建和完善[J]. 北京林业大学学报(社会科学版)，2010(3)：96～102.

[52] 吴方卫，孟令杰，熊诗平. 中国农业的增长与效率[M]. 上海：上海财经出版社，2000.

[53] 项加日，张瑞业，周明. 论农村林业科技服务体系建设[J]. 现代农业科技，2010(8)：247，251.

[54] 徐保根，郝晋珉. 区域农业科技进步贡献率测算方法探讨[J]. 农业系统科学与综合研究，2002(3)：238～240.

[55] 袁开智，赵芝俊，张社梅. 农业技术进步贡献率测算方法：回顾与评析[J]. 技术经济，2008(2)：64～70

[56] 张龙生，费乙. 甘肃省林业科技进步贡献率层次分析法测算研究[J]. 甘肃林业科技，1997(4)：13～17.

[57] 张社梅，赵芝俊. 对中国农业技术进步贡献率测算方法的回顾及思考[J]. 中国农学通报，2008(2)：498～501

[58] 张毅. 中国技术进步与经济可持续增长之研究[D]. 武汉：武汉大学，2005.

[59] 赵芝俊，袁开智. 中国农业技术进步贡献率测算及分解：1985～2005[J]. 农业经济问题，2009(3)：28～36.

[60] 朱希刚. 我国“九五”时期农业科技进步贡献率的测算[J]. 农业经济问题，2002(5)：12～13

[61] 朱希刚. 我国农业科技进步贡献率测算方法[M]. 北京：中国农业出版社，1997.
[62] 朱希刚，刘延风. 我国农业科技进步贡献率测算方法的意见[J]. 农业技术经济，1997(1)：17～23.